Learn Spanish

Your beginner guide to discover the Spanish language with Spanish For Beginners and Spanish Short Stories

Fernando Salcedo

Contents

Spanish for Beginners

Spanish Short Stories

Spanish for Beginners

Learn the Basics of the Spanish Language in 7 Days with practical and powerful exercises

Introduction

Learning Spanish is a lot of fun, especially if the student has great interest in it. This language is becoming more and more wide spoken on a global basis. Sentence structures vary according to the temporal tense that is used. The Spanish language has more verb tenses than its English counterpart, but unlike the latter, Spanish pronunciation is pretty straight forward, which is great for beginners.

Although many words in Spanish are similar to those of English, French and other Indo-European languages, it is important to know that their pronunciation is different. In 99% of the cases, the words are pronounced as written, with a few minor exceptions, such as words that contain double letter of 'L'.

Likewise, there are exclamation marks, question marks,

accents, and others that complement and give meaning to the sentences.

Question marks are used doubly; at the beginning and at the end.

In this book I'll arm you with the tools and knowledge to learn this beautiful language.

Chapter 1

Letters & Numbers

The alphabet is the same as English, albeit its pronunciation. Let's see.

Letters Pronunciation

A: Ah

B: Beh

C: Seh

D: Deh

E: Eh

F: Eh-feh

G: Heh

H: Ah-cheh

I: Ee

J: Hoh-tah

K: Kah

L: Eh-leh

M: Eh-meh

N: Eh-neh

Ñ: Ehn-neh

O: Oh

P: Peh

Q: Coo

R: Eh-reh

S: Eh-seh

T: The

U: Oo

V: Veh

W: Doh-bleh veh

X: Eh-kees

Y: Yeh

Z: She-tah

Let's Practice -Vamos a Practicar

Spell your name how you would pronounce it in Spanish

____

Spell your last name how you would pronounce it in Spanish____________

Numbers

The numbers in Spanish are the same as in English, but they are spelled differently.

1: Uno

2: Dos

3: Tres

4: Cuatro

5: Cinco

6: Seis

7: Siete

8: Ocho

9: Nueve

10: Diez

11: Once

12: Doce

13: Trece

14: Catorce

15: Quince

16: Dieciséis

17: Diecisiete

18: Dieciocho

19: Diecinueve

20: Veinte

21: Veintiuno

22: Veintidós

23: Veintitrés

24: Veinticuatro

25: Veinticinco

26: Veintiséis

27: Veintisiete

28: Veintiocho

29: Veintinueve

30: Treinta

Once you've passed the number 'treinta', you'll notice, that the word count for most numbers has increased from one to three words.

Observe:

31: Treinta Y Uno

32: Treinta Y Dos

33: Treinta Y Tres

34: Treinta Y Cuatro

35: Treinta Y Cinco

36: Treinta Y Seis

37: Treinta Y Siete

38: Treinta Y Ocho

39: Treinta Y Nueve

40: Cuarenta

41: Cuarenta Y Uno

42: Cuarenta Y Dos

43: Cuarenta Y Tres

44: Cuarenta Y Cuatro

45: Cuarenta Y Cinco

46: Cuarenta Y Seis

47: Cuarenta Y Siete

48: Cuarenta Y Ocho

49: Cuarenta Y Nueve

50: Cincuenta

51: Cincuenta Y Uno

52: Cincuenta Y Dos

53: Cincuenta Y Tres

54: Cincuenta Y Cuatro

55: Cincuenta Y Cinco

56: Cincuenta Y Seis

57: Cincuenta Y Siete

58: Cincuenta Y Ocho

59: Cincuenta Y Nueve

60: Sesenta

61: Sesenta Y Uno

62: Sesenta Y Dos

63: Sesenta Y Tres

64: Sesenta Y Cuatro

65: Sesenta Y Cinco

66: Sesenta Y Seis

67: Sesenta Y Siete

68: Sesenta Y Ocho

69: Sesenta Y Nueve

70: Setenta

71: Setenta Y Uno

99: Noventa Y Nueve

100: Cien

200: Doscientos

300: Trescientos

400: Cuatrocientos

500: Quinientos

600: Seiscientos

700: Setecientos

800: Ochocientos

900: Novecientos

1000: Mil

10000: Diez Mil

100000: Cien Mil

1000000: Un Millón

Let's Practice -Vamos a Practicar

Read the sentences and underline the cardinal numbers.

Camila ganó cinco medallas en la competencia/ Camila won five medals in the competition

Susan escribe diez historias cada día/ Susan writes ten stories every day

Mari canta dos canciones cada semana/ Mari sings two songs

every week

Benjamín lee cuatro libros al mes/ Benjamin reads four books a month

Beatriz compra dos nuevos pares de zapatos cada semana/ Beatriz buys two new pairs of shoes every week.

Juan compra un carro al año/ Juan buys a car a year

Luisa viaja tres veces al año de vacaciones/ Luisa travels three times a year on vacation

Daniel entregó dos artículos a sus profesores/ Daniel delivered two papers to his teachers

Luis escribió siete libros la semana pasada/ Luis wrote seven books last week

Gabriel toma nueve vasos de agua al día/ Gabriel drinks nine glasses of water a day

Liliana limpia su casa dos veces al día/ Liliana cleans her house twice a day

Tu papá tiene cuatro carros/ Your father has four cars

Beatriz quiere seis perritos/ Beatriz wants six puppies

Nancy tiene ocho camisas / Nancy has eight shirts.

Carlos quiere diez cuadernos nuevos / Carlos wants ten new notebooks

Miguel necesita veinte nuevos abrigos/ Miguel needs twenty new coats

Carolina lava treinta platos al día/ Carolina washes thirty dishes a day

Daniel habla nueve idiomas/ Daniel speaks nine languages

Karla tiene dieciocho blusas/ Karla has eighteen blouses

Sofía practica deportes doce veces a la semana/ Sofia practices sport twelve times a week

Viviana usa sus creyones siete veces al día / Viviana uses her crayons seven times a day

Gabriela baña a su mascota tres veces por semana / Gabriela bathes her pet three times a week

La abuela tiene cuatro pares de gafas/ Grandma has four pairs of glasses.

Mari ha visitado Europa quince veces/ Mari has visited Europe fifteen times

Benjamín tiene dos computadoras/ Benjamin has two computers

Manuel tiene diecinueve vasos / Manuel has nineteen glasses
Luisa preparó sesenta regalos para sus invitados/ Luisa prepared sixty gifts for her guests

Manuel trabaja cuatro veces a la semana/ Manuel works four times a week

Gabriel tiene noventa marcadores/ Gabriel has ninety markers

Juan hace cinco tareas al día/ Juan does five homeworks a day

Tu país tiene treinta y tres estados/ Your country has thirty-three states

En el parque hay cuarenta y cinco árboles/ There are forty-five trees in the park

Carla tiene cuarenta y siete años/ Carla is forty-seven years old.

El año pasado visitaste las principales ciudades catorce veces/ Last year you visited the main cities fourteen times

Nancy dice que le gustan trece modelos de teléfonos/ Nancy says she likes thirteen phone models

La mesa tiene ocho sillas/ The table has eight chairs

En la casa de Julia hay treinta y siete pinturas/ In Julia's house there are thirty-seven paintings

La mamá de Andrés tiene treinta y ocho pares de zapatos / Andrés's mother has thirty-eight pairs of shoes.

Ana quiere comprar sesenta y cuatro calcomanías / Ana wants to buy sixty-four stickers.

Let's study ordinal numbers

Ordinal numbers are those that identify objects, people, or any element in relation to their location, position or place within an event.

1º Primero

2º Segundo

3º Tercero
4º Cuarto
5º Quinto
6º Sexto
7º Séptimo
8º Octavo
9º Noveno
10º Décimo
11º Décimo Primero/Undécimo
12º Décimo Segundo/Duodécimo
13º Décimo Tercero
14º Décimo Cuarto
15º Décimo Quinto
16º Décimo Sexto
17º Décimo Séptimo
18º Décimo Octavo
19º Décimo Noveno
20º Vigésimo
30º Trigésimo
40º Cuadragésimo
50º Quincuagésimo
60º Sexagésimo
70º Septuagésimo
80º Octogésimo
90º Nonagésimo
100º Centésimo

Let's Practice -Vamos a Practicar

Practice: Complete the sentences with an ordinal number.

Mari es la _______ estudiante de su clase / Mari is the _______ student in her class

Es la __________ vez que Claudia practica deportes / It is the __________ time that Claudia plays sports.

Esta clase es la ________ del día / This class is the ________ of the day.

¿Por qué cuentas el cuento al niño por _______vez? /

Why do you tell the story to the child for _______time?

Note: Ordinal numbers can also be considered adjectives and have a feminine or masculine version based on the subject of the sentence.

Chapter 2

Days of the Week, Months, Seasons & Temporal Expression

When mentioning a specific day of the week, the correct way is to say "el+day of the week". If you are referring to several days, the correct way is "los+days of the week (in plural)". What are the days of the week? / ¿Cuáles son los días de la semana?

Days of the week/ Días de la semana

- Lunes / Monday
- Martes / Tuesday
- Miércoles / Wednesday
- Jueves / Thrusday
- Viernes / Friday
- Sábado / Saturday

- Domingo / Sunday

Let's Practice -Vamos a Practicar

Complete the sentences with a day of the week.

Carlos va a la escuela los_____________
Carlos goes to school on_____________

Los niños visitan a sus abuelos el________________
The kids visit their grandparents on________________

Carlos practica deportes los___________
Carlos practices sports on______________

Mis días favoritos son______________
My favorite days are_______________

Verónica va a la escuela los________________
Veronica goes to school on________________

Beatriz y Laura van de paseo los____________
Beatriz and Laura go for a walk on_____________

La profesora dicta la materia el______________

The teacher dictates the subject on ______________

David come en el restaurant los______________
David eats at the restaurant on______________

_______, _________, y ________son los primeros tres días de la semana.
________, _________ and _________ are the first three days of the week.

¿Cuántos días tiene la semana?
____
How many days does the week have?
____

Let's Practice -Vamos a Practicar

Read the story and underline the days of the week.

Silvia y sus amigas Liliana y Patricia están muy contentas planificando ir de paseo, pero aún no deciden si ir al concierto de sus cantantes favoritos o al cine.

Liliana: Hola amigas, ¿prefieren ir al cine a ver una película, o al concierto?

Patricia: Yo prefiero ir al concierto. Solo van a cantar este viernes y sábado.

Silvia: Es cierto, y debemos comprar las entradas pronto. Aunque dicen que probablemente abrirán otra función extra el domingo.

Liliana: Sí, compremos las entradas pronto.

Patricia: Yo sugiero que también planifiquemos el día en que vamos al cine. Pude ser el próximo martes. Para mí es importante la planificación. Tengo que estudiar mucho.

Silvia: Sí, te entendemos Patricia.

Liliana: De acuerdo amigas. Compremos todas las entradas y disfrutemos de nuestros paseos.

Translation:

Silvia wants to go to the movies with her friends.

Silvia and her friends, Liliana and Patricia, are very happily planning to go for a walk, but they still haven't decided whether to go to the concert of their favorite singers or to the movies.

Liliana: Hello friends, do you prefer to go to the cinema to see a movie, or to the concert?

Patricia: I prefer to go to the concert. They will only sing this Friday and Saturday.

Silvia: It's true, and we should buy the tickets soon. Although they say that they will probably open another extra function on Sunday.

Liliana: Yes, let's buy the tickets soon.

Patricia: I suggest that we also plan the day we go to the

movies. It could be next Tuesday. Planning is important to me. I have to study a lot.

Silvia: Yes, we understand you, Patricia.

Liliana: Okay friends. Let's buy all the tickets and enjoy our rides.

Months of the Year

Los meses del año en español son los siguientes:

- Enero/ January
- Febrero / February
- Marzo / March
- Abril / April
- Mayo / May
- Junio / June
- Julio / July
- Agosto / August
- Septiembre / September
- Octubre / October
- Noviembre / November
- Diciembre / December

For Example- Por Ejemplo

Mi cumpleaños es en Abril/ My birthday is in April

Nancy trabaja todo el año, excepto en Septiembre/ Nancy works all year, except in September

La familia de Santiago va de vacaciones en Agosto / Santiago's family goes on vacation in August

Susana y sus amigos trabajan mucho en Febrero / Susana and her friends work a lot in February

Carlos enseña idiomas en Enero / Carlos teaches languages in January

Las hermanas de Sofía comen frutas cultivadas en Marzo / Sofia's sisters eat fruits grown in March

Las flores más bonitas son las que crecen en Agosto / The very pretty flowers are what grow in August.

Mariela sube la montaña todo el año, excepto en Mayo / Mariela climbs the mountain all year round, except in May.

Carolina no asiste a clases en Agosto/ Carolina does not attend classes in August

Gabriel visita a sus amigos en Marzo/ Gabriel visits his friends in March

Cindy compra bonitos abrigos en enero/ Cindy buys nice coats in January

Joseph viaja a Europa en Febrero/ Joseph travels to Europe in February

David enseña idiomas a los niños en Septiembre/ David teaches languages to children in September

Claudia practica deportes en Julio/ Claudia practices sports in July

Mari limpia el techo de su casa en Junio/ Mari cleans the roof of her house in June.

Es bonito celebrar con la familia las navidades en Diciembre/ It's nice to celebrate Christmases with the family in December

Las tiendas decoran sus vidrieras en Febrero/ Shops decorate their windows in February

En tu país hace mucho frío en Diciembre/ In your country, it is very cold in December

Los niños quieren ir de viaje en Julio / The children want to go on a trip in July

Mariana quiere tomar clases de canto en Octubre / Mariana wants to take singing classes in October

Luis y Susy van de campamento en Noviembre / Luis and Susy go camping in November

Las playas de mi país son más bonitas en Julio / The beaches of my country are more beautiful in July

Marisela se quiere mudar en Junio / Marisela wants to move in June

Seasons

Depending on the location of each country, there are the four seasons of the year.

- Verano/ Summer
- Otoño / Fall
- Invierno / Winter
- Primavera / Spring

For Example- Por Ejemplo

En verano las personas visitan las playas y muchos lugares turísticos / In summer people visit the beaches and many tourists' places

En invierno las personas practican deportes propios de esta estación, como el esquí / In winter people practice sports typical of this season, such as skiing

En primavera las personas visitan muchos parques y lugares hermosos / In spring people visit the many parks and beautiful places

En otoño las personas llevan a sus niños y familiares de paseo a lugares encantadores / In autumn people take their children and family for walks to charming places

Let's Practice -Vamos a Practicar

¿Cuál es tu estación del año favorita? / What is your favorite season of the year?

Mi estación del año favorita es___________________ / My favorite season of the year is ___________________

¿Cuál es la estación del año favorita de Susan? / What is Susan's favorite season of the year?
La estación favorita del año de Susan es_________ / Susan's favorite season of the year is_________

¿En qué estación del año vas a la playa? / In what season of the year do you go to the beach?
Yo voy a la playa en _____________ / I go to the beach in _____________

Temporal Expressions

- Hoy / Today
- En La Mañana / In the Morning
- A Mediodía / At Noon
- En La Tarde / In the Afternoon
- En La Noche / In the Evening/At Night
- Para El Día Siguiente / For the Next Day
- Mañana Tomorrow
- Pasado Mañana / The Day After Tomorrow
- Para La Misma Semana / For the Same Week
- Esta Semana / This Week
- Para La Semana Siguiente/ For the Next Week
- La Semana Que Viene / For the Next Week
- La Semana Pasada / For the Last Week
- Dentro Una Semana / A Week from Now
- Ayer / Yesterday
- Antier / The Day Before Yesterday
- Hace (Tres) Días / Three Days Ago
- Este Mes / This Month
- El Mes Pasado / Last Month

- El Mes Que Viene / Next Month
- Este Año / This Year
- El Año Pasado / Last Year
- El Año Que Viene / Next Year

Let's Practice -Vamos a Practicar

Read the story and identify the time expressions.

La familia de Diana está en una agencia de viajes consultando acerca de las diferentes fechas para irse de vacaciones y las posibles ciudades a visitar.

Diana: mamá, ¿para qué fecha estás solicitando el paquete turístico?

Brenda (mamá de Diana): Diana, tu papá dice que para la semana que viene, ¿tú y tus hermanos están de acuerdo?

Diana: Sí, para la semana que viene está muy bien. Mis clases en la escuela comienzan dentro de un mes.

Brenda: Muy bien, solo debemos seleccionar el país o la ciudad a la que toda la familia quiere ir.

Diana: Sí, mamá. Déjame llamar a Juan y a Luis. Quisiera preguntarles porque Juan quería ir a la playa, y Luis a la montaña.

Brenda: Muy bien, Diana. Voy a esperar aquí.

Diana: Hola, Luis, ¿cómo estás? Mi mamá y yo queremos

preguntarles a ti y a Juan acerca de su destino favorito para irnos de vacaciones.

Luis: Sí, hola Diana. Estoy bien, ¿y tú? ¿Para qué fecha quieren planear el viaje?

Diana: Mamá dice que para la semana que viene.

Luis: Bueno, en realidad, yo prefiero para el mes que viene, porque la semana pasada mis jefes me pidieron completar muchas tareas en el trabajo.

Diana: Bueno, Luis, le comentaré a mamá.

Luis: Gracias, Diana.

Diana: A tu orden.

Brenda: ¿Qué te dijo Luis, Diana?

Diana: Dice que no puede.

Brenda: Bueno, no te preocupes. No llames a Juan. Vamos a casa y hablamos en familia. Luego vendremos de nuevo a comprar el tour.

Translation:

Diana's family is in a travel agency consulting about the different dates to go on vacation and the possible cities to visit.

Diana: Mom, for what date are you requesting the tour package?

Brenda (Diana's mother): Diana, your father says that for next week. Do you and your brothers agree?

Diana: Yes, for next week it will be very good. My classes at school start in a month.

Brenda: Okay, we just have to select the country or city where the whole family wants to go.

Diana: Yes, Mom. Let me call Juan and Luis.

Brenda: Very good, Diana. I will wait here.

Diana: Hi Luis, how are you? My mom and I want to ask you and Juan about your favorite vacation destination.

Luis: Yes, hi Diana. I'm good and you? For what date do you want to plan the trip?

Diana: Mom says for next week.

Luis: Well, actually, I prefer next month, because last week my bosses asked me to complete a lot of tasks at work.

Diana: Okay, Luis, I'll tell mom.

Luis: Thank you, Diana.

Diana: You are welcome.

Brenda: What did Luis tell you, Diana?

Diana: He says he can't.

Brenda: Okay, don't worry. Don't call Juan. We go home and talk as a family. Then we will come again to buy the tour.

Chapter 3

Vocabulary

Parts of the Body

Las partes del cuerpo en español son:

- Cabeza/ Head
- Cabello/ Hair
- Cara / Face
- Orejas / Ears
- Nariz / Nose
- Ojos / Eyes
- Cejas / Eyebrows
- Boca / Mouth
- Cuello / Neck
- Hombros / Shoulders
- Pecho/ Chest

- Espalda / Back

Extremidades: Extremities:

- Brazos / Arms
- Manos / Hands
- Dedos (De Las Manos) / Fingers
- Uñas / Nails
- Piernas / Legs
- Rodillas / Knees
- Pies / Feet
- Tobillos / Ankles
- Dedos (De Los Pies) / Toes
- Uñas / Nails

Let's Practice -Vamos a Practicar

Read the story and underline the words that relate to parts of the body.

Sara visita a su abuelita Rosa en su nueva casa. Le lleva muchos regalos porque es navidad.

Sara: Hola abuelita Rosa, ¿cómo estás?

Abuelita Rosa: Hola Sarita. Bien, ¿y tú?

Sara: Abuelita, vine a traerte estos lindos regalos y para saber cómo estás, porque sé que fuiste al médico ¿Qué te dijo?

Abuelita Rosa: Oh, sí. Bueno, fui al médico porque me dolían las rodillas.

Sara: ¿Solamente? Oh, me alegro, abuelita.

Abuelita Rosa: No, Sarita. También le respondí al médico cada pregunta que me hizo. Le dije que me dolían las rodillas, la cabeza y una uña del pie.

Sara: ¡Oh, abuelita! Lo siento mucho.

Abuelita Rosa: No te preocupes, Sarita. Es normal que a esta edad suceda todo eso.

Sara: Bueno, por lo menos no te duele la cabeza, ¿verdad?

Abuelita Rosa: No, afortunadamente no me duele la cabeza.

Sara: ¡Qué bueno, abuelita! Eso me hace muy feliz.

Abuelita Rosa: Gracias, Sarita. Eres muy buena nieta.

Sara: Sí, abuelita. Me gusta venir a visitarte, y me gusta mucho también traerte muchos regalos.

Abuelita Rosa: Oh, quiero ver qué me trajiste.

Sara: Sí, te traje dulces, un abrigo muy bonito y accesorios.

Abuelita Rosa: Muchas gracias, Sarita.

Sara: También te traje unas medicinas para el dolor de espalda. Sé que a veces te duele mucho.

Abuelita Rosa: Eres la mejor nieta, Sarita.

. . .

Translation:

Sara visits her grandmother Rosa in her new house. He brings her many presents, because it's Christmas.

Sara: Hello granny Rosa, how are you?

Granny Rosa: Hello Sarita. Good, and you?

Sara: Granny, I came to bring you these nice gifts and to know how you are, because I know you went to the doctor. What did he tell you?

Granny Rose: Oh yeah. Well, I went to the doctor, because my knees hurt.

Sarah: Only? Oh, I'm glad, granny.

Granny Rosa: No, Sarita. I also answered every question the doctor asked me. I told him that my knees, my head and a toenail hurt.

Sarah: Oh, granny! I am so sorry.

Granny Rosa: Don't worry, Sarita. It is normal for this to happen at this age.

Sara: Well, at least you don't have a headache, right?

Granny Rosa: No, fortunately I don't have a headache.

Sara: That's great, granny! That makes me very happy.

Granny Rosa: Thank you, Sarita. You are a very good granddaughter.

Sarah: Yes, granny. I like to come to visit you, and I also very much like to bring you many gifts.

Grandma Rosa: Oh, I want to see what you brought me.

Sara: Yes, I brought you sweets, a very nice coat, and accessories.

Granny Rosa: Thank you very much, Sarita.

Sara: I also brought you some medicine for your back pain. I know sometimes it hurts a lot.

Granny Rosa: You are the best.

Kitchen appliances

- Ollas / Pans
- Sartenes / Frying Pans
- Cubiertos / Silverware
- Vajilla / Crockery
- Platos / Plates
- Paños De Cocina / Kitchen Towels
- Gabinetes / Cabinets

Food in the Kitchen

- Aceite / Oil
- Azúcar / Sugar
- Sal / Salt
- Arroz / Rice
- Pasta / Pasta
- Leche / Milk
- Vinagre / Vinegar
- Vegetales / Vegetables
- Tomate / Tomato

- Cebolla / Onion
- Zanahoria / Carrot
- Pimentón / Peppers
- Pan / Bread
- Carnes / Meat
- Pescados / Fish
- Salsas / Sauces
- Quesos / Cheeses
- Frutas / Fruits
- Chocolate / Chocolate
- Fresa / Strawberry
- Vainilla / Vanilla
- Servilletas / Napkins
- Mesa / Table
- Mantel / Tablecloth
- Mantel Individual / Individual Tablecloth

Let's Practice -Vamos a Practicar

Read the story. Underline the words related to kitchen vocabulary.

Cindy y sus amigos trabajan en un restaurante. Todos los días son muy felices porque crean nuevas recetas, combinan ingredientes y disfrutan cocinar los diferentes platos que se ofrecen en ese lugar. A veces tienen que aprender recetas internacionales, e ir de compras por distintos ingredientes, pero por lo general, siempre tienen los mismos, ya que el menú ofrece platos típicos de la zona. Entre distintas recetas y preparación de postres, Cindy pasa el día muy alegra de trabajar allí. A veces canta con sus amigos mientras trabajan. También se ha hecho muy amiga de los meseros, quienes van de un lado a otro entregando las órdenes de los clientes o comensales. Los platos más solicitados son aquellos que contienen carnes y pescados combinados con arroz y pasta.

Además de ser muy felices preparándolos, se dedican a preparar diversos postres de deliciosos sabores.

Translation

Cindy and her friends work at a restaurant. Every day they are very happy, because they create new recipes, combine ingredients, and enjoy cooking the different dishes that are offered in that place. Sometimes they have to learn international recipes, and go shopping for different ingredients, but in general, they always have the same ones, since the menu offers typical dishes from the area. Between recipes and preparing desserts, Cindy spends the day very happy working there. Sometimes she sings with her friends while they work. She has also become close friends with the waiters, who go from one place to another deliver the orders of the clients or diners. The most popular dishes are those that contain meat and fish combined with rice and pasta.

In addition to being very happy preparing them, they are dedicated to preparing various desserts with delicious flavors.

Let's Practice -Vamos a Practicar

¿En qué tiempo están escritos los verbos en la lectura? / In which tenses are the verbs written in the reading?

¿Cuál es el nombre del personaje principal? / What is the name of the main character?

¿Qué tipo de platos se sirven en el restaurante? / What kind of dishes are served in the restaurant?

Places At Home

- Cocina / Kitchen
- Sala / Living Room
- Comedor / Dining Room
- Baños / Bathrooms
- Dormitorios / Habitaciones
- Jardín / Yard

Let's Practice -Vamos a Practicar

Read the story. Underline de parts of the house.

Luisa es una experta en decoración. Disfruta mucho tomar cursos sobre este tema para incluir su estilo y mantenerse decorando su casa y las de sus familiares. Sandra llama por teléfono a Luisa.

Luisa: Hola, ¿Sandra?

Sandra: ¡Hola, Luisa!, ¿cómo estás?

Luisa: Muy bien, Sandra. Gracias.

Sandra: Luisa, te llamo porque quiero que me acompañes a visitar a mi tía Eugenia. Ella no sabe de qué color pintar las paredes de la sala de su casa.

Luisa: ¡Oh!, ya veo. Y, ¿de qué color quiere ella pintarlas?

Sandra: Bueno, ella quiere obtener recomendaciones por parte de una decoradora como tú, y que observes sus muebles y pinturas.

Luisa: Entiendo, Sandra. Vamos a ver la casa de tu tía.

Sandra: Ok, ¿cuándo vamos?

Luisa: Mañana a las 10:00 de la mañana, ¿te parece bien?

Sandra: Sí, de acuerdo.

Una vez en la casa de la tía de Luisa...

Tía Eugenia: Hola, Luisa ¿Cómo estás?

Luisa: Muy bien, tía. Vine con mi amiga Sandra para ver la decoración de tu casa.

Tía Eugenia: Muy bien, Luisa.

Sandra: Hola, señora Luisa.

Tía Eugenia: Hola, ¿cómo estás? Por acá están los muebles, ¿Te gustan los colores?

Sandra: Sí, muy bonitos.

Tía Eugenia: Los compré cuando viajaba a todas partes del mundo.

Sandra: Suena interesante, ¿Me puede contar más?

Tía Eugenia: Sí, cuando era joven viajaba a muchos países con la finalidad de comprar muchos accesorios para mí y para mi casa.

Sandra: ¡Güau!

Tía Eugenia: Sí, mira este portarretratos. Lo compré cuando visitaba todos los días una calle de solo artesanías.

Sandra: ¿En qué país?

Tía Eugenia: En uno de tantos países de Europa.

Sandra: Okay, veamos los colores de los sillones y muebles.

Tía Eugenia: Sí. Mira, son estos. Y mira las lámparas de la sala ¡Oh! También me gustaría mostrarte otros lugares como los dormitorios y baños. En ellos tengo muchas pinturas muy bonitas que me gustaría combinar con los colores de las paredes.

Sandra: ¡Excelente! Estoy de acuerdo. Y... ¿qué lugares de la casa quiere redecorar?

Tía Eugenia: La sala, el comedor, los baños, los dormitorios y el jardín, allí también tengo muebles, sillas y mesas.

Sandra: ¡Manos a la obra!

Translation

Luisa is an expert in decoration. She really enjoys taking courses about this subject to include her style and keep decorating her home and those of her family members. Sandra calls Luisa on the phone.

Luisa: Hello, Sandra?

Sandra: Hi, Luisa! How are you?

Luisa: Very good, Sandra. Thank you.

Sandra: Luisa, I'm calling you, because I want you to accompany me to visit my aunt Eugenia. She doesn't know what color to paint the walls in her living room.

Luisa: Oh, I see. And what color does she want to paint them?

Sandra: Well, she wants to get recommendations from a decorator like you, and have you look at her furniture and paintings.

Luisa: I understand, Sandra. We are going to see your aunt's house.

Sandra: Ok, when are we going?

Luisa: Tomorrow at 10:00 in the morning. Is that okay?

Sandra: Yes, okay.

Once in Luisa's aunt's house...

Aunt Eugenia: Hello, Luisa, how are you?

Luisa: Very good, Auntie. I came with my friend Sandra to see the decoration of your house.

Aunt Eugenia: Very good, Luisa.

Sandra: Hello, Mrs. Luisa.

Aunt Eugenia: Hello, how are you? Over here is the furniture. Do you like the colors?

Sandra: Yes, very nice.

Aunt Eugenia: I bought them when I traveled to all parts of the world.

Sandra: Sounds interesting, can you tell me more?

Aunt Eugenia: Yes, when I was younger I traveled to many countries in order to buy many accessories for myself and my house.

Sandra: Wow!

Aunt Eugenia: Yes, look at this picture frame. I bought it when I visited a street of only handicrafts every day.

Sandra: In what country?

Aunt Eugenia: In one of the many countries in Europe.

Sandra: Okay, let's see the colors of the couches and furniture.

Aunt Eugenia: Yes. Look, these are them. And look at the lamps in the living room. Oh! I would also like to show you other places like bedrooms and bathrooms. In them, I have many very beautiful paintings that I would like to combine with the colors of the walls.

Sandra: Excellent! I agree. And... what parts of the house do you want to redecorate?

Aunt Eugenia: The living room, the dining room, the bathrooms, the bedrooms and the garden, there I also have furniture, chairs and tables.

Sandra: Let's get to work!

Accessories To Decorate The House

Accesorios para decorar la casa

- Lámparas / Lamps
- Cuadros / Paintings
- Portarretratos / Picture Frame
- Sofás / Sofas
- Mesas Laterales / Side Tables
- Mesa De Centro / Center Table
- Mesa De Comedor / Dining Table
- Alfombras / Rugs
- Cortinas / Curtains
- Estantes / Shelves

Let's Practice -Vamos a Practicar

Read the story and identify the words for decoration appliances.

Lili fue al centro comercial en navidad con su mamá. Juntas visitaron una de las mejores tiendas de decoración de casa. Al llegar, fueron muy bien atendidas por el personal encargado de la tienda.

Vendedora: Muy buenas tardes, ¿en qué puedo ayudarlas?

Lili: Hola, buenas tardes. Estamos buscando muchos

artículos decorativos para mi casa. La compré hace poco y necesito decorarla por completo.

Vendedora: Entiendo. Por este pasillo encontraremos la sección de ese tipo de artículos. Permítame ir con ustedes.

Lili: ¡Oh!, muchas gracias.

Vendedora: Específicamente, ¿qué buscan?

Lili: Estamos buscando absolutamente todo nuevo, desde un portarretratos hasta un llavero.

Vendedora: Muy bien, aquí hay unas alfombras muy bonitas en las que puede usar de decorar. Tenemos estos colores: marrón, rojo, gris y amarillo.

Lili: ¡Güau!, mamá. Mira esta alfombra. Es muy decorativa y elegante.

Mamá de Lili: Sí, Lili. Ya veo que es preciosa. Pensemos también en las cortinas.

Vendedora: Sí, señorita. Le recomiendo pensar también en combinar las cortinas con la alfombra y los sofás. Un ambiente bien armonizado le garantiza mucho confort en casa.

Lili: Sí, eso lo entiendo.

Vendedora: ¿Le gustaría ver además, otro artículos decorativos antes de tomar la decisión de comprar?

Lili: Sí, me gustaría mucho.

Mamá de Lili: Lili, en este lugar hay una gran cantidad de artículos decorativos y muebles hermosos. Vamos a ver todo muy bien, porque la decisión es muy difícil, porque todos son muy lindos.

Lili: Sí, mamá. Déjame escoger la alfombra marrón y roja.

Pienso que mis sofás van a ir combinados con ese estilo.

Vendedora: Muy bien. Entonces le agregamos esa alfombra.

Lili: Sí. Y vamos de inmediato al área de los sofás para escoger los colores y estilos.

Mamá de Lili: ¡Lili! ¿Quieres comprar todo hoy?

Lili: Sí, mamá. Compraré todo hoy. Ya quiero decorar toda mi casa.

Vendedora: Entiendo perfectamente, señorita.

Translation.

Lili went to the mall at Christmas with her mom. Together they visited one of the best home decoration stores. Upon arrival, they were very well tended to by the staff in charge of the store.

Saleswoman: Good afternoon, how can I help you?

Lili: Hello, good afternoon. We are looking for many decorative items for my house. I bought it recently and need to decorate it completely.

Saleswoman: I understand. In this corridor, we will find the section for this type of item. Let me go with you.

Lili: Oh, thank you very much.

Saleswoman: Specifically, what are you looking for?

Lili: We are looking for absolutely everything new from a picture frame to a key ring.

Saleswoman: Okay, here are some really nice rugs you

can use when decorating. We have these colors: brown, red, gray and yellow.

Lili: Wow! Mom, look at this rug. It is very decorative and elegant.

Lili's mom: Yes, Lili. I see that it is beautiful. Let's also think about the curtains.

Saleswoman: Yes, miss. I recommend that you also think about combining the curtains with the carpet and the sofas. A harmonized environment guarantees you a lot of comfort at home.

Lili: Yes, I understand that.

Saleswoman: Would you also like to see other decorative items before making the decision to buy?

Lili: Yes, I would very much like it.

Lili's Mom: Lili, in this place there are a lot of decorative items and beautiful furniture. We are going to see everything very well, because the decision is very difficult, because they are all very appealing.

Lili: Yes, mom. Let me pick the brown and red carpet. I think my sofas are going to be combined with that style.

Saleswoman: Very good. So we add that rug to it.

Lili: Yes. And we immediately go to the sofa area to choose the colors and styles.

Lili's mom: Lili! Do you want to buy everything today?

Lili: Yes, mom. I will buy everything today. I already want to decorate my whole house.

Saleswoman: I understand perfectly, miss.

Family Tree

- Abuelos / Grandparents
- Padres / Parents
- Tíos / Uncle/Aunt
- Hermanos / Siblings
- Primos / Cousins
- Yo / Me

Let's Practice -Vamos a Practicar

Read the story. Underline the words related to the family tree.

Carol y Daniel son muy Buenos amigos en la escuela. Siempre conversan a la hora de desayunar. Ahora hablan de su familia.

Carol: Daniel, fui a una fiesta familiar el fin de semana.

Daniel: ¡Qué bueno, Carol! ¿te divertiste mucho?

Carol: Sí, me divertí mucho.

Daniel: ¿Qué hiciste?

Carol: Jugué mucho con mis primas. Ellas tienen muchos juegos interesantes y de mesa.

Daniel: ¡Magnífico!

Carol: También compartí mucho con mis abuelos Sonia y Fabián.

Daniel: Es muy bueno compartir con la familia, principalmente con los abuelos.

Carol Sí, ellos tienen muchas experiencias excelentes.

Daniel: Yo recuerdo que mis tíos siempre me contaban las experiencias de sus padres cuando eran jóvenes.

Carol: ¿Sí? ¿También a ti tu familia te cuenta sus vivencias y experiencias? Eso me parece muy bien.

Daniel: Sí, mis primos viajan mucho y siempre me muestran sus fotos contándome todo acerca de sus paseos.

Carol: Te felicito Daniel. Tienes una familia muy bonita, como la mía.

Daniel: Gracias, Carol.

Translation

Carol and Daniel are very good friends at school. They always talk at breakfast time. Now they talk about their family.

Carol: Daniel, I went to a family gathering on the weekend.

Daniel: Good, Carol! Did you have a lot of fun?

Carol: Yes, I had a lot of fun.

Daniel: What did you do?

Carol: I played a lot with my cousins. They have many interesting board games.

Daniel: Great!

Carol: I also shared a lot with my grandparents Sonia and Fabián.

Daniel: It is very good to share with the family, especially with the grandparents.

Carol Yes, they have many great experiences.

Daniel: I remember that my uncles always told me about their parents' experiences when they were young.

Carol: Really? Does your family also tell you about their experiences? That sounds fine to me.

Daniel: Yes, my cousins travel a lot, and they always show me their photos telling me everything about them.

Let's Practice -Vamos a Practicar

Make sentences using the vocabulary related to family.

Internet Vocabulary

In Spanish there are words related with internet

- Blog / Blog

- Bloguero / Blogger
- Bloguera / Blogger
- Internet / Internet
- Software / Software
- Hardware / Hardware
- Web / Web
- Página Web / Web Page
- Sitios Web / Website
- Wifi / Wifi

Let's Practice -Vamos a Practicar

Read the story. Underline the words related to the Internet.

Sara visita a su amiga Rosa para hacer muchos trabajos de la escuela. Siempre hacen estas actividades juntas porque Sara no es muy experta en las redes e internet.

Sara: Hola Rosa, ¿cómo estás?

Rosa: Muy bien, Sara ¿Y tú?

Sara: Muy bien, ¿comenzamos ya a hacer las tareas de la escuela?

Rosa: Sí, claro.

Sara: ¿Ok, recuerda que no pude ir ayer a clases? Por eso vengo a trabajar contigo.

Rosa: Sí, Sara. De acuerdo.

Sara: ¿Qué asignación tenemos en la materia computación?

Rosa: ¡Oh!, tenemos que investigar acerca del vocabulario más usado en internet.

Sara: Suena interesante.

Rosa: Sí, Sara. Mira, estas son las palabras: blog, bloguero, bloguera, internet, software, hardware, web, página web, sitio web y wifi.

Sara: Oye, veo que casi todas esas palabras son iguales que en inglés.

Rosa: Sí, así es.

Sara Ok, entonces, ¿debemos investigar principalmente los conceptos?

Rosa: Sí, los conceptos, qué es cada uno de ellos.

Sara: sí, entiendo.

Rosa: ¿Sabes qué me gustaría hacer luego de investigar este tema?

Sara: ¿Qué, Rosa?

Rosa: Me gustaría enseñar a los niños más pequeños de la escuela este vocabulario, además de enseñarlos a usar las computadoras y hacer sus trabajos de investigación y tareas asignadas por las maestras.

Sara: Oh, esa es una muy buena idea, Rosa. Podemos sugerirle a nuestra profesora y compañeros, y así contribuir con el educacion de los niños.

Rosa: Sí, siempre me ha gustado ayudar a los niños.

Sara: Me parece muy bien, Rosa. Te felicito.

. . .

Translation.

Sara visits her friend Rosa to do a lot of school work. They always do these activities together, because Sara is not very expert in networks and the internet.

Sara: Hi Rosa, how are you?

Rosa: Very good, Sara. And you?

Sara: Alright. Can we start doing our homework now?

Rose: Yes, of course.

Sara: Ok, remember that I couldn't go to class yesterday? That's why I came to work with you.

Rose: Yes, Sarah. I agree.

Sara: What assignments do we have in computer science?

Rosa: Oh! We have to find the most frequently used words on the internet.

Sara: Sounds interesting.

Rose: Yes, Sarah. Look, these are the words: blog, blogger, internet, software, hardware, web, web page, website, and wifi.

Sara: Hey, I see that almost all of those words are the same as in English.

Rose: Yes, they are.

Sara: Ok, so we should mainly investigate the concepts?

Rosa: Yeah, the concepts. What each of them is.

Sara: Okay, I get it.

Rosa: You know what I would like to do after researching this topic?

Sarah: What, Rosa?

Rosa: I would like to teach the younger children in school this vocabulary, in addition to teaching them how to use computers and do their research and homework assigned by the teachers.

Sara: Oh, that's a really good idea, Rosa. We can recommend that to our teacher and classmates, and thus contribute to the children's education.

Rosa: Yes, I have always liked helping children.

Sara: Sounds great to me, Rosa. Congratulations.

Types of Stores

There are many types of commercial stores. Those that are in the avenues or streets and those that are in shopping centers.

- Supermercados / Supermarkets
- Tiendas de ropa / Clothes shops
- Zapaterías / Shoe stores
- Panaderías / Bakeries
- Charcuterías / Deli
- Peluquerías / Hairdressers

Let's study the vocabulary used in supermarkets:

- Frutas / Fruits
- Vegetales / Vegetables
- Carnes / Meats
- Productos de limpieza / Cleaning products
- Quesos / Cheeses
- Charcutería / Charcuterie
- Dulces y postres / Sweets and desserts

Let's Practice -Vamos a Practicar

Read the conversation and underline the vocabulary related to the supermarket.

Andrés: Hola Carlos, ¿cómo estás?

Carlos: Hola Andrés. Muy bien, ¿y tú?

Andrés: Bien, gracias.

Carlos. Bien ¿A dónde vas?

Andrés: Voy al supermercado

Carlos: ¡Genial! ¿qué compras en el supermercado?

Andrés: Compro frutas y vegetales.

Carlos: ¡Excelente! Yo también voy porque necesito comprar unos dulces para los niños.

Andrés: Muy bien, Carlos. Vamos.

. . .

Translation

Andrés: Hi Carlos, how are you?

Carlos: Hi Andrés. Very good and you?

Andrés: Good, thank you.

Charles. Well, where are you going?

Andrés: I am going to the supermarket

Carlos: Great! What do you buy at the supermarket?

Andrés: I buy fruits and vegetables.

Carlos: Excellent! I'm also going, because I need to buy some sweets for the children.

Andrés: Very good, Carlos. Let's go.

Clothing Store

Vocabulario de tiendas de ropa

- Camisas para caballeros / Men's shirts
- Pantalones para caballeros / Men's trousers
- Franelas para caballeros / Men's flannels
- Camisas o blusas para damas / Ladies shirts or blouses
- Pantalones para damas / Ladies pants
- Franelas para damas / Ladies flannels
- Vestidos / Dresses
- Faldas / Skirts
- Shorts / Shorts
- Franelas / Flannels

Let's Practice -Vamos a Practicar

Read the story and underline the vocabulary related to clothing stores.

Cindy es una chica muy estudiosa. Sus padres siempre le dan obsequios por sus excelentes notas. Cindy siempre recibe de ellos diferentes accesorios, pero esta vez sus padres le quieren dar ropa.

Keila (mamá de Cindy): Alberto, vamos al centro comercial a comprar los regalos de Cindy.

Alberto: Muy bien, Keila ¿Qué quieres comprarle?

Keila: Quiero comprarle varios vestidos en colores diferentes. Ella estudia mucho y obtiene muy buenas notas por su gran esfuerzo.

Alberto: De acuerdo, Keila. Vamos temprano para recorrer todo el centro comercial y visitar muchas tiendas.

Keila: ¡Seguro!, aunque pienso que además de vestidos, podemos comprarle blusas y faldas. Cindy se alegra mucho cuando le damos nuestro cariño.

Alberto: Vamos, Keila.

Translation

Cindy is a very studious girl. Her parents always give her gifts for her excellent grades. Cindy always receives different accessories from them, but this time her parents want to give her clothes.

Keila (Cindy's mother): Alberto, we are going to the mall to buy Cindy's gifts.

Alberto: Very good, Keila. What do you want to buy her?

Keila: I want to buy her several dresses in different colors. She studies hard and gets very good grades for her hard work.

Alberto: Okay, Keila. We will go early to tour the entire mall and visit many stores.

Keila: Sure! Although I think that in addition to dresses, we can buy her blouses and skirts. Cindy is very happy when we give her our love.

Alberto: Come on, Keila.

Shoe Stores

- Zapatos / Shoes
- Zapatos Deportivos / Sports Shoes
- Zapatos De Tacón Alto / High Heels
- Botas / Boots
- Sandalias / Flip Flops
- Zapatos Para Damas / Ladies Shoes
- Zapatos Para Caballeros / Men's Shoes
- Zapatos Para Niños / Children's Shoes
- Zapatos Para Niñas / Shoes For Girls
- Zapatos Para Bebés / Shoes For Babies

Let's Practice -Vamos a Practicar

Complete the sentences with the appropriate word related to the shoe store.

*Andreína va de comprar por unas________para ir a la playa / Andreina goes shopping for some________ to go to the beach.

*Caren se mide unas ______ en la zapatería porque quiere ir a la montaña / Caren tries on ______ at the shoe store because she wants to go to the mountains.

*Tengo que comprar unos __________________ para la fiesta. Voy a usar un vestido / I have to buy some __________________ for the party. I'm going to wear a dress.

*Mi papá necesita unos ______________para practicar sus deportes favoritos / My dad needs ______________ to play his favorite sports.

Bakeries

- Pan / Bread
- Pan Salado / Salty Bread
- Pan Dulce / Sweet Bread
- Dulces / Sweet
- Tortas / Cakes
- Sandwiches / Sandwiches

- Jugos / Juices
- Leche / Milk

Let's Practice -Vamos a Practicar

Answer the questions according to the example below.

¿Te gusta el pan dulce o salado? / Do you like sweet or salty bread?

Me gusta el pan dulce / I like sweet bread

*¿Te gustan los jugos o refrescos? /

Do you like juices or sodas?

*¿Te gustan los dulces o las tortas? / Do you like sweets or cakes?

Deli

- Jamón / Ham
- Salami / Salami
- Salchichas / Sausages
- Tocineta / Bacon

Let's Practice -Vamos a Practicar

Complete the sentences with the vocabulary related to delicatessen.

En las mañanas, como un sandwich con_________ y queso / In the morning, I eat a sandwich with _________ and cheese

A Luisa le gustan los perros calientes con___________ / Luisa likes hot dogs with ___________

Beatriz prepara la salsa para pasta con____________

______________ / Beatriz prepares the pasta sauce with-___________

Hairdressers

- Corte De Cabello / Haircut
- Secado De Cabello / Drying Hair
- Tinte De Cabello / Hair Dye
- Manicure / Manicure
- Pedicure / Pedicure

Let's Practice -Vamos a Practicar

Read the story and underline the words related to hairdressing.

Benjamín tiene dos hijas. Sus nombres son Andreína y Susana. A Susana le encanta ir todos los sábados a la peluquería con sus amigas. Andreína, por otra parte, disfruta quedarse en casa por leer muchos libros e historias divertidas. Cuando Susana va a la peluquería invita a muchas amigas, pero también a su hermana.

Susana: Hoy voy a cortarme el cabello como este estilo, Andreína ¿Qué te parece?

Andreína: Oh, Susana. De nuevo con tus ideas de ir a la peluquería.

Susana: ¡Claro, Andreína! Me encanta ir y que me arreglen muy bien mi cabello, me hagan pedicure y manicure.

Andreína: Te entiendo perfectamente, Susana. Pero yo voy a quedarme en casa leyendo y estudiando.

Susana: Ok, ok... Voy a invitar a Lili y a Keila.

Andreína: De acuerdo. Que les vaya muy bien y disfruten.

Translation

Benjamin has two daughters. Their names are Andreína and Susana. Susana loves to go to the hairdresser with her friends every Saturday. Andreina, on the other hand, enjoys staying at home to read lots of fun books and stories. When Susana goes to the hairdresser, she invites many friends, but also her sister.

Susana: Today I'm going to cut my hair like this, Andreína. What do you think?

Andreína: Oh, Susana. Again with your ideas of going to the hairdresser.

Susana: Sure, Andreina! I love to go and have my hair done very well, have a pedicure, and a manicure.

Andreína: I understand you perfectly, Susana. But I'm going to stay home reading and studying.

Susana: Ok, ok... I'm going to invite Lili and Keila.

Andreína: Okay. Good luck and enjoy.

The Weather

The climate varies according to each country, region, and city.

When it comes to weather, temperature is taken into account as well. The words that describe the weather in Spanish are:

- Cálido / Warm
- Seco / Dried
- Templado / Tempered
- Frío / Cold
- Húmedo / Damp
- Lluvioso / Rainy
- Nublado / Cloudy

Temperature is measured in Celsius and Fahrenheit.

. . .

To ask about the weather, we use expressions like:

- ¿Cómo es el clima en tu ciudad? Es húmedo/ frío/ templado/ lluvioso/cálido/seco/nublado.

Another way to express opinions about temperature is:

- Hace frío / hoy hace frío / It's cold / it's cold today
- Hace calor / hoy hace calor / It's hot / it's hot today
- En esta ciudad hace frío / In this city, it's cold
- En esta ciudad hace calor / In this city, it's hot
- El día está nublado / The day is cloudy
- El día está cálido / The day is warm

Let's Practice -Vamos a Practicar

Answer the following questions.

¿Cómo es el clima en tu ciudad? / How is the weather in your city?

____

¿Está nublado hoy el día? / Is the day cloudy today?

____

Let's Practice -Vamos a Practicar

Read the story about the weather. Underline the vocabulary about weather.

Karina practica muchos deportes de verano. Usualmente va a la playa y dirige un equipo de voleibol, en el que juegan también un gran número de amigas que se turnan entre ellas para practicar. Esto lo hacen todos los fines de semana durante el verano, cuando el clima es muy cálido. Una vez que se termina esta temporada, Karina juega otro tipo de deportes. Ella es una gran deportista y pertenece a grupos de entrenadores deportivos que, al igual que ella conocen las diferentes logísticas y prácticas de diferentes deportes. Visitan espacios en toda la ciudad y sus adyacencias adecaudo para la práctica de cada uno de ellos. Así que, en verano, mientras el clima es cálido, practican deportes como:

*Natación

*Senderismo

*Voleibol De Playa

*Buceo

*Fútbol

En primavera, cuando el clima comienza a calentarse, organizan paseos y deportes al aire libre con paisajes muy bonitos, como:

*Ciclismo

*Paseos En Kayak

*Fútbol

*Carreras Al Aire Libre

*Diferentes Competencias

Y, En Invierno, Cuando El Clima Es Muy Frío, Los Deportes Que Dirige Son:

*Alpinismo

*Esquí

*Snowboard

Estos son los deportes que enseña Karina a sus participantes o aprendices. Ella es muy feliz.

Translation

Karina plays a lot of summer sports. She usually goes to the beach and leads a volleyball team, in which a large number of friends also play, taking turns with each other to practice. They do this every weekend during the summer when the weather is very hot. Once this season is over, Karina plays other types of sports. She is a great athlete and belongs to sport coaching groups who, like her, know the different logistics and practices of different sports. They visit spaces throughout the city and its surroundings adequate for the practice of each one of them. So, in the summer, while the weather is warm, they play sports like:

*Swimming

*Trekking

*Beach volleyball

*Diving

*Football

In spring, when the weather starts to warm up, they organize walks and sports outdoors with very beautiful landscapes, such as:

*Cycling

* Kayak tours

*Football

* Outdoor races

* Different skills

And in winter when the weather is very cold, the sports she practices are:

*Mountaineering

*Skiing

* Snowboarding

These are the sports that Karina teaches her participants or trainees. She is very happy.

Colors

Colors in Spanish describe objects, people, and any other elements.

Some of the colors in Spanish are:

- Blanco / White
- Amarillo / Yellow
- Negro / Black
- Morado / Purple
- Azul / Blue
- Marrón / Brown
- Verde / Green
- Naranja / Orange
- Rojo / Red
- Rosa / Pink
- Gris / Grey

Practice: Read the following story and fill in the blanks with color names.

Luisa está en el parque disfrutando del paisaje. Llega Ana y comienza a hablar con ella.

Luisa: ¡Hola, Ana!, ¿cómo estás?

Ana: ¡Hola, Luisa! Muy bien, gracias.

Luisa: Me alegro ¿Qué haces en el parque?

Ana: Vengo siempre a observar los colores de las flores, ¡mira cuántas hay!

Luisa: Sí, a ver; ¡cuántos colores! Hay flores _________, ________, ___________, ____________ y _________.

Ana: Y también las hay _________ y _________

Luisa: ¡Mira, Ana! Hay también en el cielo un arcoíris, sus colores son _______, __________, __________, ___________, y _________.

Ana: ¡Qué bonito, Luisa!

Luisa: Sí, Ana.

____

Professions

When it comes to professions, there are many in Spanish. Among the most common are:

- Ingeniero / Engineer
- Profesor - Profesora / Professor
- Doctor - Doctora / Doctor
- Enfermero - Enfermera / Nurse
- Contador / Accountant
- Economista / Economist
- Abogado / Lawyer
- Arquitecto / Architect
- Actor / Actor

- Actriz / Actress
- Administrador / Administrator
- Odontólogo / Dentist
- Escritor / Escritora Writer
- Veterinario / Veterinarian
- Cantante / Singer

Let's Practice -Vamos a Practicar

Reading. Underline the words related with professions.

Daniel organizó una fiesta para sus amigos profesionales. Durante ella conversaron mucho acerca de sus trabajos. Sus amigos son Marcos, Julián, Guillermo y Benjamín.

Una vez reunidos en la fiesta, conversan acerca de sus experiencias.

Marcos: Hola amigos, ¿cómo están?

Julián, Guillermo y Benjamín: Bien, amigo ¿Cómo te ha ido?

Marcos: Muy bien, ¿y a ustedes?

Julián: Marcos, te presento a Guillermo.

Marcos: Mucho gusto, Guillermo.

Guillermo: Igualmente, Marcos.

Julián: Bueno, esta es una reunión de amigos profesionales. Hablemos de nuestras experiencias en el trabajo.

Daniel: de acuerdo. Yo soy contador. Me ocupo de la

contabilidad y las cuentas de muchos profesionales.

Julián: Yo soy profesor de Historia. Dicto las clases en varios idiomas.

Guillermo: Muy bien, Julián. Te felicito. Yo soy veterinario. Me gusta mucho curar a las mascotas de las personas.

Marcos: ¡Te felicito, Guillermo! Yo soy doctor y también me gusta curar, pero a las personas.

Benjamín: Excelente. Yo soy arquitecto y siempre estoy pensando en la amplitud de las construcciones de mis clientes y amigos. Eso me toma bastante tiempo.

Daniel: Sus profesiones son muy interesantes.

Julián: Sí, a mí también me toma mucho tiempo investigar y planificar mis clases de la universidad. Pero me gusta mucho mi profesión.

Guillermo: De acuerdo contigo, Julián. Ejercer la profesión que nos gusta nos ayuda a ser exitosos.

Marcos: Totalmente de acuerdo, amigos.

Translation.

Daniel threw a party for his professional friends. During it, they talked a lot about their jobs. His friends are Marcos, Julián, Guillermo and Benjamin.

Once reunited at the party, they talk about their experiences.

Marcos: Hello friends, how are you?

Julián, Guillermo and Benjamin: Well, friend. How have

you been?

Marcos: Very good, and you?

Julián: Marcos, this is Guillermo.

Marcos: Nice to meet you, Guillermo.

Guillermo: Likewise, Marcos.

Julián: Well, this is a meeting of professional friends. Let's talk about our experiences at work.

Daniel: Okay. I am an accountant. I handle accounting and accounts for many professionals.

Julián: I am a History teacher. I teach classes in several languages.

Guillermo: Very good, Julián. Congratulations. I am a veterinarian. I really like curing people's pets.

Marcos: I congratulate you, Guillermo! I am a doctor and I also like to heal, but people.

Benjamin: Excellent. I am an architect and I am always thinking about the scale of the constructions of my clients and friends. That takes a long time.

Daniel: Your professions are very interesting.

Julián: Yes, it also takes me a long time to research and plan my university classes. But I really like my profession.

Guillermo: I agree with you, Julián. Performing the profession that we like helps us to be successful.

Marcos: I totally agree, friends.

Practice. Choose one of the professions above and construct sentences from them. Remember to follow the structure for making sentences.

Chapter 4

Most Common Expressions

Greeting's Expressions

Hola, ¿cómo estás? / Hi, how are you?

Bien, ¿y tú? / Good, and you?

Muy bien, gracias / Very well, thank you

Buenos días, ¿cómo estás? / Good morning, how are you?

Buenos días, muy bien. Gracias / Good morning, very good. Thanks.

Buenas tardes / Good afternoon

Buenas tardes / Good evening

Buenas noches / Goodnight

Greetings in Spanish vary, according to the time in a day or situation. Let's look at a basic conversation:

- ¡Hola! / Hi!
- ¿Cómo estás? / How are you?
- Muy bien, ¿y tú? / Very well and you?
- Bien, gracias. / Fine, thanks.
- Buenos días / Good morning!
- Chao, hasta luego / Bye, see you later
- Hasta luego / Bye

Tip: In a conversation, we can see: buenos/buenas días, tardes or noches (good morning/afternoon/evening or night)

Conversation to introduce someone: You can fill the spaces with names.

A: Hola, __________ ¿cómo estás? / Hi, ______ how are you?
Te presento a__________ / Meet ______________

B: Hola, _____________. Bien, ¿y tú? / Hello, ____________.
Good and you?

Mucho gusto, _______ / Pleasure, _________

Encantado (a) de conocerte / Pleased to meet you

C: Mucho gusto, ___________ / Pleasure, _________

Let's Practice -Vamos a Practicar

Read the story. Underline the expressions related with greetings and introducing someone.

El primer día de trabajo de Susy se encuentra con su amiga Rosa y la presenta a sus nuevos compañeros de trabajo. Todos están muy alegres de que Susy comience a trabajar.

Rosa: Hola Susy, buenos días. Ven para presentarte a nuestros compañeros de trabajo.

Susy: Hola, buenos días, Rosa. Muy bien.

Rosa llama a sus amigas y amigos.

Alberto, Janet, Pedro y Pablo, les presento a nuestra nueva compañera de trabajo Susy.

Todos dicen: Mucho gusto, Susy. Bienvenida a nuestro trabajo.

Alberto: Hola Susy, encantados de conocerte. Espero que te guste mucho trabajar con nosotros. El ambiente laboral aquí es muy bueno. Todos colaboramos constantemente.

Susy: Gracias, Alberto, y gracias a todos por tan especial bienvenida.

. . .

Translation:

On Susy's first day of work, she meets her friend Rosa and introduces her to her new co-workers. Everyone is very happy that Susy is starting work.

Rosa: Hello Susy, good morning. Come introduce yourself to our co-workers.

Susy: Hello, good morning, Rosa. I am very well, thanks.

Rosa calls her friends in.

Rosa: Alberto, Janet, Pedro, and Pablo, meet our new co-worker, Susy.

They all say: Nice to meet you, Susy. Welcome to our place of work.

Alberto: Hi Susy, nice to meet you. I hope you really like working with us. The work environment here is very good. We all work together constantly.

Susy: Thank you, Alberto, and thank you all for such a special welcome.

Vocabulary Related to Greetings and Introductions.

- Hola / Hi
- ¿Cómo Estás? / How Are You?
- Mucho Gusto / Nice Teo Meet You
- Te Presento A / Meet
- Amigo / Friend (Male)

- Amiga / Friend (Female)

When Traveling

¿Dónde queda el aeropuerto? / Where is the airport?
¿Cuál es el número del vuelo? / What is the flight number?
¿A qué hora sale el vuelo? / What time does the flight leave?
¿A qué hora llega el vuelo? / What time does the flight arrive?
¿Cuál es la puerta de embarque? / What is the boarding gate?
¿Por qué aerolínea viajas? / By which airline are you traveling?
¿Cuánto equipaje llevas? / How much luggage are you carrying?

Let's Practice -Vamos a Practicar

Read the story and underline the vocabulary related with traveling.

Andrea es una viajera frecuente y siempre muy interesada en escribir acerca de sus experiencias.

Ahora ella está en el aeropuerto tomando su próximo vuelo hacia América del Sur. Quiere visitar distintos paisajes marinos y de montaña.

Agente de reservaciones: Buenos días, señorita ¿En qué puedo ayudarla?

Andrea: Hola, buenos días. Necesito comprar un boleto hacia varios países de América del Sur. Voy a visitar muchos de ellos.

Agente de reservaciones: Excelente, ¿me dice sus datos, por favor?

Andrea: Sí, aquí está mi identificación.

Agente de reservaciones: ¿Por cuál aerolínea desea viajar?

Andrea: Puede ser por cualquiera que esté disponible. Me gustan todas.

Agente de reservaciones: ¿Tiene alguna fecha preferida de salida?

Andrea: En realidad, para la próxima semana quiero salir.

Agente de reservaciones: ¿Cualquier día?

Andrea: Sí, me puede ofrecer cualquier día.

Agente de reservaciones: Ok, tenemos disponibilidad para el miércoles ¿Está de acuerdo?

Andrea: Sí, perfecto.

Agente de reservaciones: ¿Cuánto equipaje lleva?

Andrea: Llevo aproximadamente dos maletas, una es de mano.

Agente de reservaciones: Perfecto. Aquí está su boleto. Especifica la fecha de salida, destino, número de vuelo y puerta de embarque.

Andrea: Excelente, señorita. Muchas gracias.

Agente de reservaciones: A su orden. Le esperamos en la fecha de su salida.

Translation:

Andrea is a frequent traveler and always very interested in writing about her experiences.

Now she is at the airport boarding her next flight to South America. She wants to visit the different sea and mountain landscapes.

Reservations Agent: Good morning, miss. How can I help you?

Andrea: Hello, good morning. I need to buy a ticket to several countries in South America. I will visit many of them.

Reservations Agent: Excellent, can I have your details?

Andrea: Yes, here is my ID.

Reservation Agent: Which airline do you want to travel with?

Andrea: It can be with any that is available. I like them all.

Reservations Agent: Do you have a preferred departure date?

Andrea: Actually, I want to get going next week.

Reservations Agent: Any day?

Andrea: Yes, you can suggest any day.

Reservations Agent: Ok, we have an availability on Wednesday. Is that okay?

Andrea: Yes, perfect.

Reservation Agent: How much luggage do you travel with?

Andrea: I travel with approximately two suitcases; one is a hand luggage.

Reservations Agent: Perfect. Here's your ticket. Specify the departure date, destination, flight number and boarding gate.

Andrea: Excellent, miss. Thanks a lot.

Reservations Agent: You are welcome. See you on the date of your departure.

Vocabulary Related to Traveling by Plane.

- Aerolínea / Airline
- Avión / Airplane
- Vuelo / Flight
- Puerta De Embarque / Gate
- Piloto / Pilot
- Maleta (S) / Suitcase (S)
- Equipaje / Luggage
- Pasajero (S) / Passenger (S)
- Asiento De Ventana / Aisle Seat
- Asiento De Pasillo / Window Seat
- Reservación / Reservation
- Agente De Reservación / Reservation Agent

- Número De Reserva / Booking Number
- Boleto / Ticket
- Boleto Electrónico / Eticket
- Taxi / Taxi
- Impuesto De Salida / Tax
- Comida Especial / Special Meal
- Aterrizaje / Landing
- Despegue / Take Off

General Expressions Used At Home

- Vamos a limpiar la alfombra / Let's clean the carpet.
- ¿A qué hora haces el almuerzo? / What time do you make lunch?
- Veamos TV / Let's watch TV
- Abre la ventana, por favor / Open the window, please
- Cierra la puerta, por favor / Close the door, please
- Me gusta limpiar la casa / I like cleaning the house.

Let's Practice -Vamos a Practicar

Read the story. Underline the vocabulary related with home

Luisa está en el jardin de su casa hablando por teléfono con sus amigas Liliana, Carlota y Susan. Desea invitarlas a pasar una tarde especial para compartir y conversar sobre sus anécdotas, mientras comen dulces, pasteles y toman jugos de exquisitas frutas.

Luisa: Hola Liliana. Espero que estés muy bien. Te llamo para invitarte a una tarde de amigas, compartir una rica merienda con nosotras, y conversar acerca de las flores que tengo en mi hermoso jardín, ¿te gustaría venir?

Liliana: Hola Luisa ¡Oh, sí! ¡Qué alegría! Claro que sí me gustaría ir ¿Cuándo es?

Luisa: Este sábado a las 3:00 de a tarde. Así podemos ver muy bien las flores.

Liliana: De acuerdo, Luisa. Muchas gracias por la invitación.

Luisa: Disfrutaremos mucho, Lili. Ya invité a Susan y a Carlota.

(Una vez en la reunión de amigas).

Carlota: Luisa, qué hermosas flores tienes en tu jardín. Me imagino que tienes un cuidado muy especial con todas.

Susan: Cuántos colores en tu jardín, Luisa.

Luisa: Sí, amigas. Me ha tomado mucho tiempo lograr este jardín tan colorido.

Liliana: Yo, amigas, estoy sorprendida de ver tanta belleza en este jardín.

Luisa: Gracias a todas, pero hablemos de nuestras casas.

Carlota: Oigan, yo les puedo comentar que la sala de mi casa es la que está llena de colores, por tantas pinturas que tengo.

Susan: ¡Güau, Carlota! Cuéntanos de ellas.

Carlota: La sala de mi casa es muy grande, está unida al comedor y en ambos espacios tengo cuadros o pinturas, algunas plantas y muebles de estilos muy bonitos.

Liliana: Es cierto. Yo he ido a su casa, y es muy hermosa.

Luisa: ¿También tienes alfombras? Las salas con muchas pinturas se ven muy bonitas si tienes alfombras.

Carlota: Sí, sí tengo.

Susan: Y es necesario tener también muhos electrodomésticos para mantenerlas limpias.

Carlota: Sí, amigas. Tengo todo. Hablemos del jardín de Luisa y planifiquemos otra merienda en mi casa.

Liliana: ¡Genial, amigas!

Translation:

Luisa is in the garden of her house talking on the phone with her friends Liliana, Carlota and Susan. She wants to invite them to spend a special afternoon to share and talk about their anecdotes, while eating sweets, cakes and drinking delicious fruit juices.

Louisa: Hi Liliana. Hope you're well. I'm calling you to invite you to an afternoon with friends, share a delicious snack with us, and talk about the flowers I have in my beautiful garden. Would you like to come?

Liliana: Hello Luisa. Oh, yes! What joy! Of course, I would like to come. When is it?

Luisa: This Saturday at 3:00 in the afternoon. So, we can see the flowers very well.

Liliana: Okay, Luisa. Thank you very much for the invitation.

Luisa: We will enjoy it a lot, Lili. I already invited Susan and Carlota.

(Once in the meeting of friends).

Carlota: Luisa, what beautiful flowers you have in your garden. I imagine you have a very special connection with all of them.

Susan: So many colors in your garden, Luisa.

Luisa: Yes, friends. It has taken me a long time to achieve this colorful garden.

Liliana: Friends, I am surprised to see so much beauty in this garden.

Luisa: Thank you all, but let's talk about our houses.

Carlota: Hey, I can tell you that the living room of my house is the one that is full of colors, because of the many paintings that I have.

Susan: Wow, Charlotte! Tell us about them.

Carlota: The living room of my house is very large. It is connected to the dining room, and in both spaces, I have pictures or paintings, some plants, and very nice furniture.

Lilian: It's true. I have been to her house, and it is very beautiful.

Luisa: Do you also have rugs? Rooms with many paintings look very nice if you have rugs.

Carlota: Yes, I do.

Susan: And you also need to have a lot of appliances to keep them clean.

Carlota: Yes, friends. I have everything. Let's talk about Luisa's garden and plan another picnic at my house.

At School / University

- ¿Cuándo llega el profesor de Geografía? / When does the Geography teacher arrive?
- ¿Por qué no estudias para el examen? / Why don't you study for the exam?
- ¿Cuánto tiempo tienes para hacer la investigación? / How long do you have to do research?
- ¿Cuál es tu materia favorita? / Which is your favorite subject?
- ¿A qué hora es el examen? / What time is the exam?
- ¿Dónde queda la biblioteca? / Where is the library?

Practice: Read the story and underline the vocabulary related to school / university

David va a tomar un examen de Matemáticas. Antes de entrar al salón, habla con su compañero de clase, Jesús.

David: Jesús, ¿estudiaste mucho para el examen?

Jesús: Sí, estudié mucho, ¿y tú?

David: Sí, también. Me interesé mucho en estudiar con los libros que el profesor nos recomendó.

Jesús: Muy bien, David. Yo estudié con mis amigos de la otra sección. Tienen un grupo de estudio muy interesado en la investigación.

David: ¡Excelente! ¿Cuántas horas estudiaron?

Jesús: Estudiamos muchas horas.

David: ¿Tienes familiares que son buenos en Matemáticas?

Jesús: No, mi familia tiene más conocimiento de los idiomas. Siempre han sido amantes de francés, inglés y español, entre otros.

David: Magnífico. Yo también quiero aprender idiomas. Pienso que es necesario estudiar de todo, además de mucha Matemática.

Jesús: Estoy totalmente de acuerdo contigo, David.

Translation:

David is going to take a math test. Before entering the room, he talks to his classmate, Jesus.

David: Jesus, did you study hard for the test?

Jesus: Yes, I studied a lot, and you?

David: Yes, me too. I became very interested in studying with the books that the teacher recommended.

Jesus: Very well, David. I studied with my friends from the other section. They have a study group very interested in research.

Dave: Excellent! How many hours did you study?

Jesús: We studied for many hours.

David: Do you have relatives who are good at mathematics?

Jesús: No, my family has more knowledge of languages. They have always been lovers of French, English, and Spanish, among others.

David: Excellent! I also want to learn languages. I think it is necessary to study everything, in addition to a lot of mathematics.

Jesus: I totally agree with you, David.

Vocabulary Related to School/University

- Escuela / School
- Universidad / University
- Profesor / Teacher

- Profesora / Teacher (Female)
- Estudiante (S) / Student
- Salón De Clases / Classroom
- Biblioteca / Library
- Laboratorio / Laboratory
- Libro (S) / Book (S)
- Cuaderno (S) / Notebook (S)
- Lápiz / Pencil
- Lápices / Pencils
- Creyones / Crayons
- Carpeta / Folder
- Engrapadora / Stapler
- Pizarra / Board
- Pizarrón / Blackboard
- Marcador / / Marker
- Marcadores Markers

At the supermarket

- ¿Dónde están las frutas? / Where are the fruits?
- ¿Cuánto cuesta este cereal? / How much does this cereal cost?
- ¿Por qué no vienes conmigo al supermercado? / Why don't you come with me to the supermarket?

- ¿Cuándo vamos al supermercado? / When do we go to the supermarket?
- ¿Cuál es tu comida ierrae? / What is your favorite food?
- ¿A qué hora ierra el supermercado? / What time does the supermarket close?

Let's Practice –Vamos a Practicar

Read the story and underline the vocabulary relating to the supermarket.

Juliana está en el supermercado con su hijo, Daniel.

Daniel: ¡Mamá!, quiero comprar muchas galletas. Aquí hay de muchos sabores.

Juliana: Te entiendo, Daniel. Veamos ¿Cuáles son tus favoritas?

Daniel: Quisiera estas de muchos sabores y estas especiales para niños.

Juliana: Daniel, recuerda que también debes comer muchas frutas. Voy a comprarte las galletas pero también muchas frutas, ¿de acuerdo?

Daniel: Sí mamá.

Juliana: Daniel, sé que eres un niño muy obediente y por eso te compro las galletas y frutas con mucho amor.

Daniel: Sí, mamá. Yo siempre te obedeceré.

Juliana: A ver, veamos dónde están las frutas.

Daniel: Mamá, también quiero muchos cereales.

Juliana: De acuerdo. También te los voy a comprar. Sé que te gusta comerlos en las tardes.

Daniel: Gracias, mamá. Eres especial.

Juliana: Gracias, Daniel.

Translation.

Juliana is at the supermarket with her son, Daniel.

Daniel: Mom! I want to buy lots of cookies. There are many flavors here.

Juliana: I understand, Daniel. Let's see. What are your favorites?

Daniel: I would like these many flavors and these special ones for children.

Juliana: Daniel, remember that you should also eat a lot of fruit. I'm going to buy you the cookies, but also lots of fruit, too, okay?

Daniel: Yes, mom.

Juliana: Daniel, I know you're a very obedient child and that's why I buy you cookies and fruit with a lot of love.

Daniel: Yes, mom. I will always obey you.

Juliana: Let's see where the fruits are.

Daniel: Mom, I also want a lot of cereal.

Juliana: Okay. I'm going to buy them for you, too. I know you like to eat them in the evenings.

Daniel: Thanks, mom. You are great.

Juliana: Thank you, Daniel.

. . .

Vocabulary related to supermarket.

- Supermercado / Supermarket
- Frutas / Fruits
- Carnes / Meats
- Pollo / Chicken
- Pescado / Fish
- Quesos / Cheeses
- Jamón / Hams
- Pan / Bread
- Dulces / Sweet
- Vegetales / Vegetables
- Arroz / Rice
- Pasta / Pasta
- Salsas / Sauces
- Productos De Limpieza / Cleaning Products

In The City

- ¿Dónde queda el centro comercial? / Where is the mall?
- ¿A qué hora es la función del cine? / What time is the movie show?

- ¿Cuál es tu restaurante favorito? / What is your favorite restaurant?
- ¿Dónde queda el parque para niños? / Where is the children's park?
- ¿Cuánto tiempo tarda el bus en llegar? / How long does the bus take to arrive?
- ¿Por qué te gusta esa biblioteca? / Why do you like that library?

Expressions to indicate places in a city:

- ¿Dónde queda el teatro? / Where is the theater?
- A dos cuadras de aquí / Two blocks from here
- ¿Dónde queda la universidad? / Where is the university?
- La universidad queda al cruzar la calle / The university is across the street.
- ¿Está cerca de aquí el banco? / Is the bank near here?
- Sí, el banco queda cerca de aquí / Yes, the bank is near here.

Let's Practice -Vamos a Practicar

Read the story. Underline the words relating to the city.

Mari está en casa esperando por su amiga Josefina, quien es nueva en la ciudad. Josefina desea visitar distintos lugares para tomar una gran cantidad de fotografías y tener muchos recuerdos, ya que es muy bonita y turística.

Mari: Josefina, ¡qué bueno que llegaste! ¿vamos a dar el paseo por la ciudad?

Josefina: Sí, Mari. Tengo muchas ganas de visitarla.

Mari: ¿Cuáles son los lugares que quisieras conocer?

Josefina: Quisiera primero conocer la biblioteca y los centros comerciales.

Mari: ¡Genial! Vamos primero a la biblioteca.

Josefina: Vamos. Y muchas gracias por ser tan atenta, Mari.

Mari: Oh, Josefina. Para mí es maravilloso que estés aquí y poder llevarte de paseo.

Josefina: ¡Maravilloso! Y, luego quisiera saber dónde queda el parque y demás atractivos turísticos.

Mari: ¡Seguro! Vamos.

Josefina: Oh, aquí está la biblioteca. Me gusta mucho su arquitectura.

Mari: Sí, Josefina. Esta biblioteca fue construida hace muchos años.

Josefina: es hermosa, ya quiero entrar a leer algo.

Mari: ¡Por supuesto!

Josefina: Mira cuántos libros tan interesantes.

Mari: ¿Buscas algo en especial?

Josefina: Sí, vayamos al sección de Literatura.

Mari: ¡Sí!

Josefina: Quiero leer algunas historias para niños.

Mari: Aquí están.

Josefina: Mira cuántos cuentos tan bonitos.

Mari: Vamos a leerlos en este momento.

Josefina: Sí.

Mari: Luego, si quieres, seguimos el recorrido por las tiendas y centros comerciales.

Josefina: Interesante. Sí, me gustaría. Vayamos en bus a todos esos lugares y también a los distintos restaurantes que en ellos hay.

Translation.

Mari is at home waiting for her friend Josefina, who is new in town. Josefina wants to visit different places to take a lot of pictures and have many memories, since it is very beautiful and touristy.

Mari: Josefina, how good that you came! Shall we go for a walk around the city?

Josephine: Yes, Mari. I really want to see it.

Mari: What are the places you would like to visit?

Josefina: First, I would like to visit the library and the shopping centers.

Mary: Great! Let's go to the library first.

Josephine: Come on. And thank you very much for being so attentive, Mari.

Mari: Oh, Josephine. It's wonderful that you're here, and I can take you for a ride.

Josephine: Wonderful! And then I would like to know where the park and other tourist attractions are.

Mary: Sure! Let's go.

Josefina: Oh, here is the library. I really like its architecture.

Mari: Yes, Josephine. This library was built many years ago.

Josefina: It's beautiful, I want to go in and read something.

Maria: Of course!

Josefina: Look how many interesting books.

Mari: Are you looking for something special?

Josefina: Yes, let's go to the literature section.

Mary: Yes!

Josefina: I want to read some stories for children.

Mary: Here they are.

Josefina: Look how many beautiful stories.

Mari: Let's read them right now.

Josephine: Yes.

Mari: Then, if you want, we continue the tour of the shops and malls.

Josephine: Interesting. Yes, I'd like to. Let's go by bus to all those places and also to the different restaurants that are in them.

. . .

Vocabulary Related to the City.

- Biblioteca / Library
- Cine / Movie Theater
- Teatro / Theater
- Hospital / Hospital
- Plaza / Square
- Heladería / Ice Cream Shop
- Restaurante Restaurant
- Tiendas / Stores
- Centros Comerciales/ Malls
- Calles / Streets
- Avenidas / Avenues
- Semáforos / Traffic Lights
- Parada De Autobús / Bus Stop
- Metrobús / Metrobus
- Parques / Parks

Expressions to Ask about Tourist Information

Quisiera comprar entradas para el concierto / I would like to buy tickets for the concert.

Me gustan muchos estos centros comerciales / I really like these malls

Vamos a recorrer la ciudad en bus / We are going to tour the city by bus.

Necesito información acerca de la estación de metro / I need information about the subway station.

Me gusta viajar en tren / I like to travel by train.

Los jardines de la ciudad son hermosos / The city gardens are beautiful.

Expressions to Ask about the Weather

- ¿Cómo está el clima en tu ciudad? / How's the weather in your city?
- Hoy hace mucho frío / Today it is very cold.
- ¿Cuál es la temperatura ahora? / What is the temperature now?
- ¿Hace frío en esa ciudad? / Is it cold in that city?
- Hay mucha nieve aquí / There is a lot of snow here.
- Hoy llueve mucho / Today it rains a lot.

Let's Practice -Vamos a Practicar

Read the story. Underline the word related with weather.

Claudia y Manuel visitan muchos lugares de interés turístico en Europa, pero no les agrada el clima frío, así que deciden ir a países donde el clima sea más templado o cálido.

Claudia: Manuel, me gustaría ir a una ciudad donde no haga frío y podamos tomar distintos tours.

Manuel: De acuerdo contigo, Claudia. También quiero tomar muchas fotografías de los mejores paisajes verdes, para tenerlos de recuerdo.

Claudia: Sí, alguien que también quiero hacer es comer mucha comida local en muchos restaurantes.

Manuel: ¡Güau, Claudia! Esa es una excelente idea.

Claudia: ¿Cuál es la temperatura en esta ciudad?

Manuel: Ahora está en 10 grados centígrados.

Claudia: Está bien. Podemos salir a tomar unas deliciosas bebidas calientes.

Manuel: Sí, hoy no usaré los guantes porque el clima no está tan frío.

Claudia: No, ya pronto estará más templado.

Manuel: Y pronto iremos a otros destinos donde esté aún más.

Claudia: Sí, esa es la idea.

Manuel: ¿Qué te parece si vamos de tiendas y compramos ropa para la temporada de calor que se aproxima?

Claudia: Si, ¿cuándo quieres ir?

Manuel: Mañana.

Claudia: De igual manera, antes de ir, debemos revisar cómo va a estar el clima mañana.

Manuel: Ok. Probablemente subirá la temperatura.

. . .

Translation.

Claudia and Manuel visit many tourist attractions in Europe, but they don't like the cold weather, so they decide to go to countries where the weather is milder or warmer.

Claudia: Manuel, I would like to go to a city where it is not cold, and we can take different tours.

Manuel: I agree with you, Claudia. I also want to take many pictures of the best green landscapes, to have them as a souvenir.

Claudia: Yes, one thing I also want to do is eat a lot of local food in many restaurants.

Manuel: Wow, Claudia! That is an excellent idea.

Claudia: What is the temperature in this city?

Manuel: Now it is 10 degrees centigrade.

Claudia: Okay. We can go out for some delicious hot drinks.

Manuel: Yes, today I will not use the gloves, because the weather is not so cold.

Claudia: No, it will soon get warmer.

Manuel: And soon we will go to other destinations where it is even more so.

Claudia: Yes, that's the idea.

Manuel: What do you think if we go shopping and buy clothes for the upcoming hot season?

Claudia: Yes, when do you want to go?

Manual: Tomorrow.

Claudia: Anyways, before we go, we should check how the weather is going to be tomorrow.

Manuel: Ok. The temperature will probably rise.

Vocabulary Related to the Weather

- Clima / Weather
- Temperatura / Temperature
- Grados Centígrados / Celsius Degrees
- Grados Farenheit / Farenheit Degrees
- Guantes / Gloves
- Ropa De Invierno / Winter Clothes
- Ropa De Verano / Summer Clothes
- Gorro / Hat
- Estación / Season
- Primavera / Spring
- Verano / Summer
- Otoño / Fall
- Invierno / Winter

Expressions Used at an Ice Cream Shop / Event

- Quiero un helado especial / I want a special ice cream.
- ¿Cuántos sabores de helados hay? / How many flavors of ice cream are there?
- Me gustaría comprar un helado / I would like to buy an ice cream.
- Te invito un helado / I invite you an ice cream.
- ¿Cuánto cuesta este helado? / How much does this ice cream cost?

Let's Practice -Vamos a Practicar

Read the story.

Luis y Anabel están en la fiesta de Cristina.

Anabel: Hola Luis, ¿cómo estás?

Luis: Bien, ¿y tú?, Ana

Anabel: Muy bien, gracias

Luis: La fiesta está divertida, ¿verdad?

Anabel: Sí, muy divertida. Todos disfrutan.

Anabel: Sí, mira la torta. Es muy bonita

Luis: Sí, es muy colorida

Anabel: Y, mira cuántos helados hay en esa mesa. Vamos

a comer.

Luis: Sí, a mí me gustaría probar distintos sabores.

Anabel: Y a mí pedir un helado especial.

Translation.

Luis and Anabel are at Cristina's party.

Anabel: Hello Luis, how are you?

Luis: Fine, and you?

Anabel: Very good, thank you.

Luis: The party is fun, right?

Anabel: Yes, very fun. Everyone is enjoying it.

Anabel: Yes, look at the cake. It is very pretty.

Luis: Yes, it is very colorful.

Anabel: And look how many ice creams there are on that table. Let's eat.

Luis: Yes, I would like to try different flavors.

Anabel: And I would like to order a special ice cream.

Vocabulary Related to Ice Cream Shops.

- Helado (S) / Ice Cream (S)
- Sabores De Helados / Ice Cream Flavors
- Helado Especial / Special Ice Cream

Chapter 5

How to Ask Questions in Spanish?

Various sentence structures can be used to ask questions in Spanish. You can start the question with the subject.

- ¿Luis come pizza? / Does Luis eat pizza?
- ¿David estudia en la escuela? /Does David study at school?
- ¿Carolina come en el restaurante todos los días? / Carolina eats at the restaurant every day
- ¿Luisa canta en el coro? / Does Luisa sing in the choir?
- ¿Miguel corre en las competencias? / Does Miguel run in competitions?
- ¿Beatriz cocina con su mamá? / Does Beatriz cook with her mother?

- ¿Mari va al parque con su familia? / Does Mari go to the park with her family?
- ¿Nancy ahorra para su futuro? / Does Nancy save for her future?
- ¿Manuel ayuda a sus padres? / Does Manuel help his parents?
- ¿Viviana juega con sus hermanitos? / Does Viviana play with her little brothers?
- ¿Mario ayuda a su papá? / Does Mario help his dad?
- ¿Nelson arregla su carro? / Does Nelson fix his car?
- ¿Carlos vive en la ciudad? / Does Carlos live in the city?
- ¿Benjamín trabaja en la capital? / Does Benjamin work in the capital?
- ¿Mario nada en la piscina? / Does Mario swim in the pool?
- ¿Carmen cuida a sus abuelos? / Does Carmen take care of her grandparents?
- ¿Luisa limpia la casa de su mamá? / Does Luisa clean her mom's house?
- ¿Nancy enseña idiomas? / Does Nancy teach languages?
- ¿Pablo ordena los libros? / Does Pablo put the books in order?
- ¿Pedro usa la computadora? / Does Pedro use the

computer?
- ¿Gabriel tiene muchos libros? / Does Gabriel have many books?

You can start with the main verb, implying the subject of the sentence.

- ¿Imprimes tus tareas en casa? / Do you print your assignments at home?
- ¿Lees en la biblioteca? / Do you read in the library?
- ¿Compartes tu almuerzo con tu amiga? / Do you share your lunch with your friend?
- ¿Vives en la ciudad? / Do you live in the city?
- ¿Cocinas para tu familia? / Do you cook for your family?
- ¿Ayudas a tus padres? / Do you help your parents?
- ¿Haces ejercicios en las mañanas? / Do you exercise in the mornings?
- ¿Comes bien? / Do you eat well?
- ¿Llevas a tus hermanitos a la escuela? / Do you take your little brothers to school?
- ¿Colaboras con tu familia? / Do you collaborate with your family?

- ¿Limpias tu casa? / Do you clean your house?
- ¿Nadas en la playa o en la piscina? / Do you swim at the beach or in the pool?
- ¿Vas a la universidad? / Do you attend college?
- ¿Visitas a tus abuelos? / Do you visit your grandparents?
- ¿Obtienes buenas calificaciones en la escuela? / Do you get good grades in school?
- ¿Cuidas a tu familia? / Do you take care of your family?
- ¿Ordenas tus juguetes? / Do you put your toys in order?
- ¿Vas al cine con tus amigos? / Do you go to the movies with your friends?
- ¿Comes pastel en las fiestas? / Do you eat cake at parties?
- ¿Usas tu teléfono? / Do you use your phone?
- ¿Manejas tu carro? / Do you drive your car?
- ¿Tienes muchos cuadernos? / Do you have many notebooks?
- ¿Hablas otros idiomas? / Do you speak other languages?
- ¿Conoces muchos países? / Do you know many countries?

* You can start with a question word. These are:

- ¿qué? / what?
- ¿dónde? / where?
- ¿cómo? / how?
- ¿quién? / who?
- ¿cuándo? /when?
- ¿por qué? /why?
- ¿cuál? /which?
- ¿cuánto? / ¿cuántos? /how much/ how many?
- ¿A qué hora/distancia? / At what time/how far?
- ¿Qué te gusta desayunar los fines de semana? / What do you like for breakfast on the weekends?
- ¿Qué hace Luis en la escuela? / What does Luis do at school?
- ¿Qué es eso? / What's that?
- ¿Qué deporte practicas durante la semana? / What sport do you practice during the week?
- ¿Qué estudia tu hermano? /What does your brother study?
- ¿Qué materia es interesante en tu opinión? / What subject is interesting in your opinion?
- ¿Qué tipo de libros lees en la universidad? / What type of books do you read at university?
- ¿Qué carrera estudias? / What carreer do you study?
- ¿Qué tipo de frutas comes? / What kind of fruits

do you eat?

- ¿Qué comidas prefieres? / What types of food do you prefer?
- ¿Dónde te gusta desayunar los fines de semana? /Where do you like to have breakfast on the weekends?
- ¿Dónde vives? /Where do you live?
- ¿Dónde quieres estudiar? /Where do you want to study?
- ¿Dónde queda la biblioteca? /Where is the library?
- ¿Dónde estudias? /Where do you study?
- ¿Dónde están tus amigos? /Where are your friends?
- ¿Dónde quieres disfrutar tus vacaciones? /Where do you want to enjoy your vacation?
- ¿Dónde encontraste al perro? / Where did you find the dog?
- ¿Dónde es la competencia? /Where is the sports competition?
- ¿Dónde almuerzas todos los días? / Where do you have lunch every day?
- ¿Cómo prefieres tu desayuno?/ How do you prefer your breakfast?
- ¿Cómo vas a tus clases? / How do you go to your classes?
- ¿Cómo haces tus tareas? / How do you do your

homework?

- ¿Cómo arreglas tu computadora? / How do you fix your computer?
- ¿Cómo trabajas? / How do you work?
- ¿Cómo es tu familia? / How is your family?
- ¿Cómo vas a tus vacaciones? / How do you go to your vacation?
- ¿Cómo limpias tu casa? / How do you clean your house?
- ¿Cómo ayudas a tu familia? / How do you help your family?
- ¿Cómo cocinas para tus padres? / How do you cook for your parents?
- ¿Quién va contigo a desayunar los fines de semana? / Who goes with you for breakfast on the weekends?
- ¿Quién es tu mejor compañero de clases? / Who is your best classmate?
- ¿Quién te ayuda en casa? / Who helps you at home?
- ¿Quién come contigo el almuerzo? / Who eats lunch with you?
- ¿Quién te visitó en navidad? / Who visited you at Christmas?
- ¿Quién celebró con tus amigos el fin de semana? / Who celebrated with your friends over the weekend?

- ¿Quién compró los mejores regalos? / Who bought the best gifts?
- ¿Quién sabe preparar los platos más deliciosos? / Who knows how to prepare the most delicious dishes?
- ¿Quién comparte con tu familia los domingos? / Who shares with your family on Sundays?
- ¿Quién es tu profesora de Historia? / Who is your history teacher?
- ¿Cuándo desayunas con tu familia? / When do you have breakfast with your family?
- ¿Cuándo visitas a tus hermanos? / When do you visit your brothers?
- ¿Cuándo viajan Carolina y Juan? / When do Carolina and Juan travel?
- ¿Cuándo lees tus libros favoritos? / When do you read your favorite books?
- ¿Cuándo acompañas a tu hermanito a su consulta médica? / When do you accompany your little brother to his medical consultation?
- ¿Cuándo es tu cumpleaños? / When is your birthday?
- ¿Cuándo trabajaste en ese lugar? / When did you work in that place?
- ¿Cuándo diste clases? / When did you teach?
- ¿Cuándo encontraste a tu perrito? / When did you find your puppy?

- ¿Cuándo es el cumpleaños de Susana? / When is Susan's birthday?
- ¿Por qué desayunas en ese restaurante? / Why are you having breakfast at that restaurant?
- ¿Por qué no comprendes las lecciones de ese idioma? / Why don't you understand the lessons of that language?
- ¿Por qué estás preocupado? / Why are you worried?
- ¿Por qué vas por esa calle? / Why are do you go down that street?
- ¿Por qué estudias esa carrera? / Why do you study that career?
- ¿Por qué nadas en la playa a esta hora? / Why are you swimming at the beach at this hour?
- ¿Por qué no vas a tus clases de canto? / Why don't you go to your singing classes?
- ¿Por qué Carlos no te acompaña? / Why doesn't Carlos accompany you?
- ¿Por qué no viajas con tu familia? / Why don't you travel with your family?
- ¿Por qué usas esos lentes? / Why do you wear those glasses?
- ¿Cuál es tu comida favorita? / What is your favorite food?
- ¿Cuál es el estilo de ropa preferido por tu mamá? / What is your mother's favorite style of clothing?

- ¿Cuál es la vía para ir a visitarte? / What is the way to visit you?
- ¿Cuál es el día de tu cumpleaños? / What is the day of your birthday?
- ¿Cuál es tu opinión para hacer este trabajo? / What is your opinion to do this job?
- ¿Cuál es la forma de inscribirse en la universidad? / What is the way to enroll in the university?
- ¿Cuál es tu mascota favorita? / What is your favorite pet?
- ¿Cuál es la autopista que se debe tomar para llegar al parque? / What is the highway to take to get to the park?
- ¿Cuál es tu apellido? / What is your last name?
- ¿Cuál es la opinión de tu maestra? / What is your teacher's opinion?
- ¿Cuánto tiempo te toma desayunar? / How long does it take you to have breakfast?
- ¿Cuánto dinero necesitas? / How much money do you need?
- ¿A qué hora te gusta desayunar? / What time do you like to have breakfast?
- ¿A qué hora es tu clase de inglés? / What time is your English class?
- ¿A qué hora visitas a tu familia? / What time do you visit your family?

Chapter 6

Sentence Structure

The structure of a sentence in Spanish is very simple, since its very similar to that of the English language. Let's see.

Sentence structure/ Estructura de la oración

Sujeto+verbo+complemento/Subject+verb + complement

Subject (this can be a noun or a pronoun of the subject of the sentence)

Verb: must be conjugated according to the tense of the sentence.

It is important to know the different conjugations of the verbs according to the verb tenses. In Spanish there are indicative and subjunctive modes. Through the indicative mood we express generally realistic actions.

Let's see how the conjugation of verbs are in the indicative mood.

. . .

There are different verb tenses:

Simple Present: Indicates Habits / Routines

It is necessary to follow this structure to form sentences in the affirmative way:

Sujeto+verbo+complemento/Subject+verb+ complement.

For Example- Por Ejemplo

- Mari come pasta los viernes / Mari eats pasta on Fridays.
- Daniel y Gabriel visitan a sus padres en la mañana. / Daniel and Gabriel visit their parents in the morning.
- Clara asiste a conciertos. / Clara attends concerts.
- Los estudiantes quieren comer en la escuela. / Students want to eat at school.
- Mariana va de paseo y toma fotografías. / Mariana goes for a walk and takes pictures.
- Viviana estudia mucho en la biblioteca. / Viviana studies a lot in the library.
- Rosa trabaja en las mañanas. / Rosa works in the mornings.

- Pedro comprende muy bien sus clases. / Pedro understands his classes very well.
- Sofía camina mucho en el parque. / Sofia walks a lot in the park.
- In negative: It's necessary to add "no" before the main verb
- Sujeto+no+verbo+complemento/Subject+no+verb+complement.
- Mari no come pasta los viernes. / Mari doesn't eat pasta on Fridays.
- Daniel y Gabriel no visitan a sus padres en la mañana. / Daniel and Gabriel don't visit their parents in the morning.
- Clara no asiste a conciertos. / Clara does not attend concerts.
- Los estudiantes no quieren comer en la escuela. / Students do not want to eat at school.
- Mariana no va de paseo ni toma fotografías. / Mariana does not go for a walk or takes pictures.
- Viviana no estudia mucho en la biblioteca. / Viviana does not study a lot in the library.
- Rosa no trabaja en las mañanas. / Rosa does not work in the mornings.
- Pedro no comprende muy bien sus clases / Pedro understands his classes very well.
- Sofía camina mucho en el parque / Sofia walks a lot in the park

Chapter 7

Nouns & Possessive Pronouns

In Spanish, nouns have genders. They can either be feminine or masculine, much like French. Let's see what they are.

Masculine Nouns

- Automóvil / Car
- Avión / Airplane
- Tren / Train
- Metro / Subway
- Camión / Truck
- Lápiz / Pencil
- Barco / Ship
- Teléfono / Telephone

- Papel / Paper
- Micrófono / Microphone
- Marcador / Marker

Femenine Nouns

- Computadora / Computer
- Silla / Chair
- Mesa / Table
- Escuela / School
- Universidad / University
- Calle / Street
- Avenida / Avenue
- Comida / Food
- Cocina / Kitchen
- Casa / House
- Chaqueta / Jacket

Definite Articles.

These can be masculine or feminine and at the same time, singular and plural.

el (masculine / singular)
la (feminine / singular)
los (masculine / plural)
las (feminine / plural)

. . .

Examples with Masculine / Singular

- El automóvil azul no es mío. / The blue car is not mine.
- El avión es grande. / The plane is big.
- El tren no es muy rápido. / The train is not very fast.
- El metro de la ciudad es nuevo. / The city's subway is new.

Examples with Feminine/ Singular

- La computadora es muy bonita. / The computer is very pretty.
- La silla es muy alta. / The chair is very high.
- La mesa es redonda. / The table is round.
- La escuela no es muy grande. / The school is not very big.

Examples in Masculine/Plurals

- Los días son muy fríos en esta ciudad. / The days are very cold in this city.
- Los libros de la biblioteca son muy interesantes. / The library books are very interesting.
- Los aviones están todos muy cerca. / The planes are all very close.
- Los teléfonos de esta tienda son muy bonitos. / The phones in this store are very nice.

Let's Practice -Vamos a Practicar

Read the story. Underline the definite articles.

Cada mañana Julia va a estudiar a la biblioteca más cercana a su casa. Mientras estudia, la encargada de attiende al público está muy motivada a apoyar a todos, y busca cada libro que le solicitan. Julia se siente muy feliz cuando lee los libros de literatura fascinantes que encuentra en la biblioteca. Momentos más tarde, llegan los demás lectores. Julia siempre llega temprano a la biblioteca para seleccionar rápido el material que lee, incluso las revistas más actuales están en la biblioteca, la mesa donde lee permanece llena de estas y todos los libros que ella selecciona desde un principio. Julia es una feliz lectora.

Translation.

Every morning Julia goes to study at the library closest to her home. While studying, the person in charge of attending to the public is very motivated to help everyone, and looks for each book that they request. Julia is very happy when she reads the fascinating literature books that she finds in the library. Moments later, the other readers arrive. Julia always arrives early at the library to quickly select the material she will read. Even the most current magazines are in the library. The table where she reads remains full of these and all the books that she selects from the beginning. Julia is a happy reader.

Indefinite articles.

The indefinite articles describe an unspecified noun. Such as a random person or object.

There are singular and plural definite articles.

Singular:

- un (masculine/singular)
- una (feminine/singular)

Plural:

- unos (masculine/singular)
- unas (feminine/plural)

Examples with Masculine/Singular

Yo tengo un abrigo muy bonito. / I have a very nice coat.
Luis compra un jugo de naranja en el cafetín todos los días. / Luis buys an orange juice in the cafeteria every day.
Los niños tienen un perro muy grande. / The children have a very big dog.

Examples with Feminine/Singular

Siempre veo desde la ventana una casa muy bonita. / I always see a very nice house from the window.
Carlos gana una medalla cada vez que participa en las competencias. / Carlos wins a medal every time he participates in competitions.
Compremos una carpeta antes de la clase. / Let's buy a folder before class.

Let's Practice -Vamos a Practicar

Complete the sentences with the appropriate

article.

Note: In this exercise translations are just a reference. There is language difference.

Nancy tiene ______ carro muy bonito / Nancy has ______ very nice car.
John trae ______fruta cada vez que viene a clases / John brings ______fruits every time he comes to class.
Mari prepara _____ cena al llegar a casa / Mari prepares _____ dinner when she gets home.
Los niños siempre quieren visitar _____ parque / Children always want to visit _____ park.
¿Puedes compartir _____ libros conmigo? / Can you share _____ books with me?
Carlos limpia _____ casa de su mamá / Carlos cleans _____ his mother's house.
¿Quieres ver _____ cuadernos que tengo? / Do you want to see _____ notebooks that I have?
Lisa no tiene ______ teléfono bonito / Lisa doesn't have a ______ nice phone.

Possessive Pronouns

They are pronouns that indicate possession within a sentence. How are they used with personal pronouns or subject nouns?

Pronombres Posesivos

- Yo mío(singular)-míos (plural) / mine
- Tú tuyo(singular)-tuyos (plural) / yours
- Él suyo(singular)-suyos (plural) / his
- Ella suyo (singular)-suyos (plural) / hers
- Usted suyo (singular)-suyos (plural) / yours
- Nosotros nuestro (singular) nuestros (plural) / ours
- Ustedes suyo (singular) suyos (plural) / yours
- Ellos suyo (singular) suyos (plural) / theirs
- Ellas suyo (singular) suyos (plural) / theirs

*Note: All of the possessive pronouns can be in feminine; ending in "a".

Sometimes you can see these pronouns in sentences accompanied by definite articles such as "el", "la", "los", "las" to indicate more specifically what is being talked about. On the other hand, they can also be preceded by the verb "ser" and demonstrative pronouns.

Let's make sentences with them:

Estos zapatos son míos. / These shoes are mine.
Aquellos libros son los tuyos. / Those books are yours.
Mis hermanos saben que aquellos lentes son suyos. / My

brothers know that those glasses are theirs.
Las casas más limpias son las nuestras. / The cleanest houses are ours.
Carolina sabe que esos cuadernos son míos. / Carolina knows that those notebooks are mine.
Benjamín dice que estas llaves son suyas. / Benjamin says these keys are his.
Carlos dice que los cuentos son míos / Carlos says that the stories are mine.
Daniel no compra con su dinero, compra con el mío. / Daniel doesn't buy with his money, he buys with mine.
Gabriel no estudia con sus libros. Estudia con los míos/ Gabriel doesn't study with his books. He studies with mine.
Susana no conoce otras historias. Solo conoce las suyas/ Susana does not know other stories. She only knows her own.
Raquel dice que estos lápices son los suyos. / Raquel says that these pencils are hers.
Nancy asume que siempre la mejor ayuda es la suya. / Nancy assumes that the best help is always hers.
Viviana está feliz porque las mejores pinturas son las suyas. / Viviana is happy, because the best paintings are hers.

Let's Practice -Vamos a Practicar

Read the story and underline the possessive pronouns.

Carlita siempre disfruta ir a la playa con su familia, es una niña muy feliz.

Estando en la playa, se encuentra a unas niñas compañeras de clase de la escuela. Sus nombres son Rebeca y Lili. Rebeca y Lili tienen muchos juguetes de playa, y los comparten con Carlita, jugando.

Rebeca: Hola Carlita y Lili, ¿cómo están?

Carlita: Muy bien, amiguita, ¿y tú?

Lili: Hola amigas, vamos a jugar. Tengo muchísimos juguetes de playa.

Carlita: Sí, ¡qué chévere!

Lili: Rebeca, ¿cuáles te gustan más, los míos o los de Carlita?

Rebeca: Me gustan los tuyos, pero los de ella también.

Carlita: Sí, gracias, Rebeca. Todos nuestros juguetes son muy bonitos y apropiados para jugar aquí en la playa.

Lili: Bueno, entonces vamos a jugar. Miren, tengo estas pelotas y muchas cosas de niñas. Jugar en la playa con todos estos juguetes es muy divertido.

Carlita: Sí, amigas, me estoy divirtiendo mucho con todos estos juguetes tan bonitos, y también con los míos.

Translation.

Carlita always enjoys going to the beach with her family. She is a very happy girl.

While at the beach, she meets some girls, who are her

classmates from school. Their names are Rebecca and Lili. Rebeca and Lili have many beach toys, and they share them with Carlita.

Rebeca: Hello Carlita and Lili. How are you?

Carlita: Very good, little friend, and you?

Lili: Hello friends, let's play. I have lots of beach toys.

Carlita: Yes, how cool!

Lili: Rebeca, which ones do you like more, mine or Carlita's?

Rebeca: I like yours, but hers, too.

Carlita: Yes, thank you, Rebeca. All our toys are very nice and appropriate to play with here on the beach.

Lili: Well then let's play. Look, I have these balls and a lot of girly things. Playing on the beach with all these toys is so much fun.

Carlita: Yes, friends, I am having a lot of fun with all these beautiful toys, and also with mine.

Write 5 sentences with the vocabulary related with possessive pronuns:

Sample answer: Mi mamá no tiene sus llaves, tiene las mías.

Chapter 8

Adjectives

Adjectives

These are words that describe any noun or situation. These can also be masculine or feminine.

Some male adjectives:

- Bonito / Nice
- Caro / Expensive
- Barato / Cheap
- Bueno / Good
- Malo / Bad
- Limpio / Clean

The same adjectives can be expressed as female adjectives:

- Bonita / Nice
- Cara / Expensive
- Barata / Cheap
- Buena / Good
- Mala / Bad
- Limpia / Clean

Let's Practice -Vamos a Practicar

Choose 4 adjectives and make sentences following the formula presented here:

Subject + verb + complement

Possessive adjectives

Possessive adjectives describe any noun in terms of possession.

Examples:

- mi (singular)/ mis (plural)
- tu (singular) / tus (plural)

- su (singular) / tus (plural)
- nuestro (a) (singular) / nuestros (as) (plural)
- su (singular)/ su (s) (plural)

Pronombre personal-----adjetivo posesivo------sustantivo

Personal pronoun ----- possessive adjective ------ noun

Singular/ plural

- Yo mi / mis casa (s)
- Tú tu/ tus casa (s)
- Él su/ sus casa (s)
- Ella su/ sus casa (s)
- Usted su/ sus casa (s)
- Nosotros nuestro (a)/nuestros (a) casa (s)
- Nosotras nuestro (a)/nuestros (a) casa (s)
- Ustedes su/sus casa (s)
- Ellos su/sus casa (s)
- Ellas su/ sus casa (s)

Let's Practice -Vamos a Practicar

Underline the possessive adjectives in the following story.

Lili Y Juliana están en el parque y tienen una conversación:

Lili: Hola Juliana, ¿cómo estás?

Juliana: Muy bien, Lili ¿Y tú?

Lili: Bien, gracias.

Juliana: Oye, Lili. Me gustan mucho tus zapatos ¿Son nuevos?

Lili: Sí, Juliana, mis zapatos son nuevos.

Juliana: Oh, ¡qué bueno! Me gusta mucho ir de compras. Cerca de mi casa hay un centro comercial. Mi mamá siempre me lleva a dar un paseo alla.

Lili: ¡Interesante! Cerca de mi casa no hay tiendas. Si quiero ir de tiendas, debo ir a la casa de mis primos.

Juliana: Entiendo, ¿Y te gusta ir a los centros comerciales de otras ciudades?

Lili: Sí, me gusta mucho. Amo ir de paseo alla.

Juliana: Yo recuerdo que siempre mi familia y yo vamos también a muchos restaurantes.

Lili: ¡Oh!, que lindo.

Juliana: Chao, Lili.

Lili: Chao, Juliana.

Translation

Lili and Juliana are in the park and are having a conversation:

Lili: Hi Juliana. How are you?

Juliana: Very good, Lili. And you?

Lili: Good, thank you.

Juliana: Hey, Lili. I really like your shoes. Are they new?

Lili: Yes, Juliana, my shoes are new.

Juliana: Oh, how good! I like going shopping a lot. There is a shopping center near my house. My mom always takes me for a walk there.

Lili: Interesting! There are no shops near my house. If I want to go shopping, I have to go to my cousins' house.

Juliana: I understand, and do you like going to the malls in other cities?

Lili: Yes, I really like it. I love going for a walk there.

Juliana: I remember that my family and I always go to many restaurants as well.

Lili: Oh, how nice.

Juliana: Bye, Lili.

Lili: Bye, Juliana.

Let's Practice -Vamos a Practicar

Read the story. Underline Personal pronouns, verbs, adjectives, questions, negative sentences.

Beatriz y Susana trabajan en una pizzería. Les encanta ayudar a los clientes del restaurant y conversar con los que van allí siempre. Entre los que siempre asisten hay un grupo de amigos que tocan muchos instrumentos en diferentes estilos musicales.

Beatriz: ¡Hola! ¿Cómo están? ¿Vienen de nuevo a comer, o a tocar música?

Integrantes del grupo musical: Venimos a ambas, Beatriz. A comer y tocar música.

Susana: ¡Oh! Eso es maravilloso. Queremos escuchar sus canciones.

Integrantes del grupo musical: Ok, entonces vamos a comenzar a cantar y tocar nuestros instrumentos.

Beatriz: ¡Sí! Muchas gracias.

Susana: Mientras trabajamos, escuchamos música.

Beatriz: Espera, Susana. Voy a traer mi teléfono para tomar muchas fotografías.

Susana: Ok, Beatriz. Me parece muy interesante.

Beatriz: ¿Quieres tomarte fotografías con los integrantes del grupo musical?

Susana: Sí, me parece muy bien.

Integrantes del grupo musical: Muchachos, vamos a cantar una canción típica de esta ciudad.

Beatriz: ¿Conoces alguna canción de aquí?

Integrantes del grupo musical: Sí, conocemos muchas.

Susana: Oh, yo no conozco canciones de aquí. Soy nueva en la ciudad.

Beatriz: Vamos, Susana. Yo te puedo decir algunas canciones.

Susana: Oh, muchas gracias, Beatriz. Eres muy buena amiga.

Mientras el grupo musical canta y toca los instrumentos,

Beatriz y Susana trabajan y disfrutan de un ambiente musical muy bonito.

Translation

Beatriz and Susana work in a pizzeria. They love helping restaurant customers and chatting with those who always go there. Among those who always attend there is a group of friends, who play many instruments in different musical styles.

Beatriz: Hello! How are you? Are you coming back to eat, or to play music?

Members of the musical group: Both, Beatriz. To eat and play music.

Susana: Oh! That's wonderful. We want to hear your songs.

Members of the musical group: Ok, so let's start singing and playing our instruments.

Beatriz: Yes! Thanks a lot.

Susana: While we work, we listen to music.

Beatriz: Wait, Susana. I will bring my phone to take a lot of pictures.

Susana: Ok, Beatriz. I find it very interesting.

Beatriz: Do you want to take pictures with the members of the musical group?

Susana: Yes, I think it's very good.

Members of the musical group: Boys, we are going to sing a typical song of this city.

Beatriz: Do you know any song from here?

Members of the musical group: Yes, we know many.

Susana: Oh, I don't know songs from here. I am new in town.

Beatriz: Come on, Susana. I can tell you some songs.

Susana: Oh, thank you very much, Beatriz. You are a very good friend.

While the musical group sings and plays the instruments, Beatriz and Susana work and enjoy a very beautiful musical atmosphere.

Chapter 9

Conjugating Verbs

In Spanish there are regular verbs, whose endings are "ar", "er" "ir". Regular verbs are those whose root remains the same when conjugated.

"ar"

Caminar / To walk

- Yo camino / I walk
- Tú caminas / You walk
- Él camina / He walks
- Ella camina / She walks
- Usted camina / You walk
- Nosotros caminamos / We walk (m, or m/ f)

- Nosotras caminamos / We walk (f)
- Ustedes caminan / You walk
- Ellos caminan / They walk (m)
- Ellas caminan / They walk (f)

Buscar / To look for

- Yo busco / I look for
- Tú buscas / You look for
- Él busca / He looks for
- Ella busca / She looks for
- Nosotros buscamos / We look for (m, or m/f)
- Nosotras buscamos / We look for (f)
- Ustedes buscan / You look for
- Ellos buscan / They look for (m, or m/f)
- Ellas buscan / They look for (f)

Admirar / To admire

- Yo admiro / I admire
- Tú admiras / You admire
- Él admira / He admires
- Ella admira / She admires

- Usted admira / You admire
- Nosotros admiramos / We admire (m, or m/f)
- Nosotras admiramos / We admire (f)
- Ustedes admiran / You admire
- Ellos admiran / They admire (m, or m/f)
- Ellas admiran / They admire (f)

Studying Regular Verbs Ending In "Er"?

Comer / To eat

- Yo como / I eat
- Tú comes / You eat
- Él come / He eats
- Ella come / She eats
- Usted come / You eat
- Nosotros comemos / We eat (m, or m/f)
- Nosotras comemos / We eat (f)
- Ustedes comen / You eat
- Ellos comen / They eat (m, or m/f)
- Ellas comen / They eat (f)

Comprender / To comprehend

- Yo comprendo / I comprehend
- Tú comprendes / You comprehend
- Él comprende / He comprehends
- Ella comprende / She comprehends
- Usted comprende / You comprehend
- Nosotros comprendemos / We comprehend (m, or
- m/f)
- Nosotras comprendemos / / We comprehend (f)
- Ustedes comprenden You comprehend
- Ellos comprenden / They comprehend (m, or m/f)
- Ellas comprenden / They comprehend (f)

<u>Correr</u> / <u>To run</u>

- Yo corro / I run
- Tú corres / You run
- Él corre / He runs
- Ella corre / She runs
- Usted corre / You run
- Nosotros corremos / We run (m, or m/f)
- Nosotras corremos / We run (f)
- Ustedes corren / You run
- Ellos corren / They run (m, or m/f)

- Ellas corren / They run (f)

For Example- Por Ejemplo

Now, let's see examples of regular verbs ending in "ir".

Subir / To go up

- Yo subo / I go up
- Tú subes / You go up
- Él sube / He goes up
- Ella sube / She goes up
- Usted sube / You go up
- Nosotros subimos / We go up (m, or m/f)
- Nosotras subimos / We go up (f)
- Ustedes suben / You go up
- Ellos suben / They go up (m, or m/f)
- Ellas suben / They go up (f)

Imprimir / To print

- Yo imprimo / I print

- Tú imprimes / You print
- Él imprime / He prints
- Ella imprime / She prints
- Usted imprime / You print
- Nosotros imprimimos / We print (m, or m/f)
- Nosotras imprimimos / We print (f)
- Ustedes imprimen / You print
- Ellos imprimen / They print (m, or m/f)
- Ellas imprimen / They print (f)

Let's Learn What the Complement in the Sentence is

Complement: accompanies subjects, verbs, objects, adverbs, or adjectives to further complete or emphasize the given sentence.

Adjective: describes any subject, activity, or situation within a sentence.

Adverb: describes the way in which actions are performed and also describes them based on different forms such as place, time, etc.

For Example- Por Ejemplo

Let's look at some examples of sentences in affirmative and negative form that follow the formula described above:

. . .

Subject+verb+complement.

Susan camina en las tardes. / Susan walks in the afternoons.
Susan no camina en las tardes. / Susan does not walk in the afternoons.
Jorge revisa los libros en la biblioteca. / Jorge checks the books in the library.
Jorge no revisa los libros en la biblioteca. / Jorge does not check the books in the library.
David admira los paisajes. / David admires the landscapes.
David no admira los paisajes. / David does not admire landscapes.
Lucy come pizza con sus amigas. / Lucy eats pizza with her friends.
Lucy no come pizza con sus amigas. / Lucy doesn't eat pizza with her friends.
Los jóvenes corren en el parque. / Young people run in the park.
Los jóvenes no corren en el parque. / Young people do not run in the park.
Nancy comprende muy bien la lección. / Nancy comprehends the lesson very well.
Nancy no comprende muy bien la lección. / Nancy does not comprehend the lesson very well.
Juan estudia muchos idiomas. / Juan studies many languages.
Juan no estudia muchos idiomas. / Juan does not study many languages.

Gabriel compra libros interesantes. / Gabriel buys interesting books.

Gabriel no compra libros interesantes. / Gabriel doesn't buy interesting books.

Luis asiste a la universidad. / Luis attends college.

Luis no asiste a la universidad. / Luis does not attend college.

Carla usa gafas. / Carla uses glasses.

Carla no usa lentes. / Carla doesn't wear glasses.

Manuel entiende muchas materias. / Manuel understands many subjects.

Manuel no entiende muchas materias. / Manuel does not understand many subjects.

Beatriz visita los parques en la ciudad. / Beatriz visits the parks in the city.

Beatriz no visita los parques en la ciudad. / Beatriz does not visit the parks in the city

El perrito come mucho/ The puppy eats a lot.

El perrito no come mucho/ The puppy does not eat a lot.

Alfredo tiene muchos amigos. / Alfredo has many friends.

Alfredo no tiene muchos amigos. / Alfredo doesn't have many friends.

Gabriela disfruta ir a la playa. / Gabriela enjoys going to the beach.

Gabriela no disfruta ir a la playa. / Gabriela does not enjoy going to the beach.

Carla trabaja en la oficina. / Carla works in the office.

Carla no trabaja en la oficina / Carla no trabaja en la oficina

The verb "to be" / "ser"

The verb "to be" in Spanish has two different meanings. One of them is "ser", and the other "estar". Let's see it in its "ser" form.

How is this verb conjugated?

- Yo soy / I am
- Tú eres / You are
- Él es / He is
- Ella es / She is
- Usted es / You are
- Nosotros somos / We are (m, or m/f)
- Nosotras somos / We are (f)
- Ustedes son / You are
- Ellos son / They are (m, or m/f)
- Ellas son / They are (f)

Note: (m) masculine

(f) feminine

This verb can be followed by adjectives (words that describe), family ties, time, possessions, express if it's late or early in the day/night, time, location, and situations.

. . .

For Example- Por Ejemplo

Liz es muy alta. / Liz is very tall.
Carlos es mi primo. / Carlos is my cousin.
Benjamín es mi papá. / Benjamin is my dad.
El carro azul es mío. / The blue car is mine.
La casa grande es de César. / The big house belongs to Caesar.
Ahora es muy tarde. / Now it's too late.
Ella es la primera paciente en llegar. / She is the first patient to arrive.
Esta es la segunda vez que vas de viaje. / This is the second time you go on a trip.

The sentences can also be negative.

Liz no es muy alta. / Liz is not very tall.
Carlos no es mi primo. / Carlos is not my cousin.
Benjamín no es mi papá. / Benjamin is not my dad.
El carro azul no es mío. / The blue car is not mine.
La casa grande no es de César. / The big house does not belong to Caesar.
Ahora no es muy tarde. / Now it's not too late.
Ella no es la primera paciente en llegar. / She is not the first patient to arrive.

Esta no es la segunda vez que vas de viaje. / This is not the second time you go on a trip.

Let's see some of the previous sentences in questions.

¿Liz es muy alta? / Is Liz very tall?
¿La casa grande es de César? / Does the big house belong to Caesar?
¿Ahora es muy tarde? / Is now too late?
¿Ella es la primera paciente en llegar? / Is she is the first patient to arrive?
¿Esta es la segunda vez que vas de viaje? / Is this the second time you go on a trip?

Let's Practice -Vamos a Practicar

Make sentences with the verb "ser" from the following expressions. Remember to follow the sentence structure.

Amable (kind)_________________________________
honesto y responsable (honest and responsable)

____

Tarde (late)_____________________________

Temprano (early)______________________________

Mi familia (my family) _________________________

Luisa y sus amigas (Luisa and her friends) _____________

entusiastas y generosos (enthusiastic and generous)

____

Answer the questions. Use the verb "ser":

*¿Cómo es tu familia? / How is your family?

Sample answers:

- cariñosa / affectionate
- amable / kind
- buena / good

*¿Quién es tu papá? Who is your father?

Sample answers:

Benjamin

Joseph

Mario

*¿A qué hora es la clase? At what time is the class?

Sample answers:

- A las 8:00 am / At 8:00 am
- A las 2:00 pm / At 2:00 pm
- A las 4:00 pm / At 4:00 pm

*¿Quién es el mejor estudiante de la clase? /
Who is the best student in the class?

Sample answers:
David
Carlos
Amanda

Past Simple

This tense expresses actions that have already occured.

Let's look at some examples.

Let's conjugate some regular verbs ending in "ar"

Pagar To pay

- Yo pagué
- Tú pagaste
- Él pagó
- Ella pagó
- Usted pagó
- Nosotros pagamos
- Nosotras pagamos
- Ustedes pagaron
- Ellos pagaron
- Ellas pagaron

Samples.

Luisa pagó el almuerzo de sus amigos en el restaurante. / Luisa paid for her friends' lunch at the restaurant.
Los estudiantes pagaron la mensualidad ayer. / The students paid the monthly payment yesterday.
Daniel pagó las entradas al concierto. / Daniel paid for the tickets to the concert.
Benjamín y Rosa pagaron mucho dinero en la tienda de ropa. / Benjamin and Rosa paid a lot of money at the clothing store.
Carlos pagó la cena familiar. / Carlos paid for the family dinner.

The verb: Tener

The verb "tener" means possession in Spanish and also an obligation to do something.

How is it conjugated?

- Yo tengo / I have
- Tú tienes / You have
- Él tiene / He has
- Ella tiene / She has
- Usted tiene / You have
- Nosotros tenemos / We have (m, or m/f)
- Nosotras tenemos / We have (f)
- Ustedes tienen / You have
- Ellos tienen / They have (m, or m/f)
- Ellas tienen / They have (f)

Let's see some sentences in which the verb means possession:

Carlos tiene un libro de actividades. / Carlos has an activity book.
Viviana tiene muchos cuadernos. / Viviana has many notebooks.
Diana tiene muchos zapatos. / Diana has many shoes.

Mari tiene muchas flores en su jardín. / Mari has many flowers in her garden.
Daniel no tiene muchos amigos. / Daniel doesn't have many friends.
Karla tiene una casa muy grande. / Karla has a very big house.
Mis padres tienen muchos carros. / My parents have many cars.
Susan tiene una familia muy grande. / Susan has a very big family.
Luis tiene varias computadoras. / Luis has several computers.
Benjamín tiene grandes ideas para trabajar. / Benjamin has great ideas to work with.
Este restaurante tiene buenos trabajadores. / This restaurant has good workers.
Nuestra ciudad tiene grandes monumentos. / Our city has great monuments.
Adrián tiene un carro muy bonito. / Adrián has a very nice car.
Graciela tiene muchos juguetes. / Graciela has many toys.
Mis primos tienen mucha ropa. / My cousins have a lot of clothes.
Carolina no tiene una familia pequeña. / Carolina doesn't have a small family.
Luisa tiene unos zapatos muy bonitos. / Luisa has very nice shoes.

Mi abuela tiene un gran jardín en su casa. / My grandmother has a big garden in her house.
Mari no tiene un perro. / Mari doesn't have a dog.
Joel tiene muchas computadoras. / Joel has a lot of computers.

Now, let'see how this verb is used as an obligation. The formula goes as follows: "tener que" + verb in infinitive "ar", "er", "ir".

Yo tengo que estudiar mucho. / I have to study a lot.
Los estudiantes tienen que realizar un buen trabajo de investigación. / Students have to do good research work.
Carlos y Julieta tienen que limpiar su casa. / Carlos and Julieta have to clean their house.
Mi mamá tiene que cocinar mucho. / My mom has to cook a lot.
Los niños tienen que ayudar a sus padres. / Children have to help their parents.
Lili tiene que fijarse metas. / Lili has to set goals.
Nancy tiene que venir a la escuela. / Nancy has to come to school.
Benjamín tiene que cuidar a su hermana. / Benjamin has to take care of his sister.

David tiene que arreglar el carro de su papá. / David has to fix his dad's car.

Carmen tiene que llegar temprano a la oficina. / Carmen has to get to the office early.

Carolina tiene que comprar ropa a su mamá. / Carolina has to buy clothes for her mother.

Juan tiene que ayudar a sus hijos. / Juan has to help his children.

Sofía tiene que aprender muchos idiomas. / Sofia has to learn many languages.

Marta tiene que comprender bien la lección. / Marta has to understand the lesson well.

Mari tiene que investigar en muchos libros. / Mari has to do research in many books.

Daniela tiene que cuidar a su niño. / Daniela has to take care of her child.

Cindy tiene que leer muchos libros. / Cindy has to read a lot of books.

Benjamín tiene que escribir muchos ensayos. / Benjamin has to write many essays.

Laura tiene que buscar un nuevo empleo. / Laura has to look for a new job.

Jesús tiene que imprimir muchos papelas. / Jesus has to print a lot of papers.

Gabriel tiene que alimentar a sus mascotas. / Gabriel has to feed his pets.

Let's Practice -Vamos a Practicar

Look at the sentences above and write 5 sentences with "tener" and "tener que". Remember the appropiate formula to make sentences.

Julia y Daniel _________ un gato muy bonito / Julia and Daniel ____________ a very nice cat

____

____

____

____

The verb "estar"

This verb is used to describe states of the weather, temporary moods of people, and describe situations or objects affected in some way by something or someone.

For Example- Por Ejemplo

Here are some examples in affirmative and negative:

El clima está frío. / The weather is cold. (state of weather)
El clima no está frío. / The weather is not cold.
Susan está asombrada. / Susan is amazed. (temporary mood)

Susan no está asombrada. /Susan is not amazed.

David está triste. / David is sad. (temporary mood)

David no está triste. / David is not sad.

La casa está sucia. / The house is dirty. (object affected by something)

La casa no está sucia. /The house is not dirty.

Los carros están estacionados. /The cars are parked.

Los carros no están estacionados. / The cars are not dirty.

La ropa está limpia. / The clothes are clean.

La ropa no está limpia. /The clothes are not clean.

Mis zapatos están nuevos. / My shoes are new.

Mis zapatos no están nuevos. / My shoes are not new.

Carolina está alegre. / Caroline is happy.

Carolina no está alegre. / Caroline is not happy.

Viviana está triste. / Viviana is sad.

Viviana no está triste. / Viviana is not sad.

Benjamín está listo para la foto. / Benjamin is ready for the photo.

Benjamín no está listo para la foto. / Benjamin is not ready for the photo.

Beatriz está contenta. / Beatrice is happy.

Beatriz no está contenta. / Beatrice is not happy.

La doctora está muy bien. / The doctor is very good.

La doctora no está muy bien. / The doctor is not very good.

Mis amigas están en la universidad. / My friends are in college.

Mis amigas no están en la universidad. / My friends are not in college.
Carlos está con sus padres. / Carlos is with his parents.
Carlos no está con sus padres. / Carlos is not with his parents.
Daniel y Lisa están asombrados. / Daniel and Lisa are amazed.
Daniel y Lisa no están asombrados. / Daniel and Lisa are not amazed.
Nancy está en el centro comercial. / Nancy is at the mall.
Nancy no está en el centro comercial. / Nancy is not at the mall.
Cindy está en la casa de sus tíos. / Cindy is at her uncle's house.
Cindy no está en la casa de sus tíos. / Cindy is not at her uncle's house.
El jardín está muy bien arreglado. / The garden is very well arranged.
El jardín no está muy bien arreglado. /The garden is not very well arranged.
Los árboles están muy grandes. / The trees are very big.
Los árboles no están muy grandes. /The tres are not very big.
Los niños están felices en la fiesta. / The children are happy at the party.
Los niños no están felices en la fiesta. / The children are not very happy.
Manuel está con su familia. / Manuel is with his family.

Manuel no está con su familia, / Manuel is not with his family.
Luisa y Mari están en otro país. / Luisa and Mari are in another country.
Luisa y Mari no están en otro país. / Luisa and Mari are not in another country.

Let's Practice -Vamos a Practicar

Practice.Read the story. Underline the verb "estar"

Carolina quiere visitar el mejor teatro de la ciudad, así que llama por teléfono a tres amigas para invitarlas. Una de ellas se llama Lilian, y la otra Flor.

Las tres amigas se encuentran en la heladería y deciden qué obra teatral ir a ver.

Carolina: Hola amigas. Vamanos al teatro a ver la obra de jóvenes.

Lilian: ¡Hola! Sí, estoy de acuerdo.

Flor: Es mi primera vez que voy al teatro.

Carolina: Antes de ir, vamos a llamar a nuestros compañeros para saber dónde están.

Flor: De acuerdo, Carolina. Aunque ellos medijeron que estarían todos estudiando para el examen de esta semana.

Lilian: Oh, sí, yo recuerdo.

Carolina: Sí, el profesor dijo que estaría en el salón de

profesores antes del examen, y podemos preguntarle si va a haber algún cambio.

Flor: ¡Oh!, ¿Cambio en qué sentido?

Carolina: No lo sé, Flor. Pienso que algún cambio de salón a la hora de presentar el examen.

Lilian: Chicas, muchas gracias por decirme todo eso. Estoy un poco preocupada, aunque estudié mucho.

Carolina y Flor: Excelente, Lilian. Entonces, si estudiaste, no te preocupes. Todo estará muy bien.

Lilian: Gracias, amigas.

Translation:

Carolina wants to visit the best theater in town, so she calls three friends to invite them along. One of them is called Lilian, and the other Flor.

The three friends meet at the ice cream parlor and decide which play to go see.

Caroline: Hello friends. Let us go to the theater to see the youth play.

Liliana: Hi! Yes, I agree.

Flor: It's my first time to go to the theater.

Carolina: Before we go, we are going to call our colleagues to find out where they are.

Flor: Okay, Caroline. Although they said that they would all be studying for this week's test.

Lilian: Oh yes, I remember.

Carolina: Yes, the professor said that he would be in the teachers' lounge before the exam, and we can ask him if there will be any changes.

Flor: Oh! Change in what sense?

Carolina: I don't know, Flor. I think that sometimes rooms change at the time of presenting the exam.

Lilian: Girls, thank you very much for telling me all that. I'm a little worried, even though I studied a lot.

Carolina and Flor: Excellent, Lilian. So, if you studied, don't worry. Everything will be fine.

Lilian: Thank you, friends.

Simple Past

Ganar To Win

- Yo gané
- Tú ganaste
- Él ganó
- Ella ganó
- Usted ganó
- Nosotros ganamos
- Nosotras ganamos
- Ustedes ganaron
- Ellos ganaron
- Ellas ganaron

For Example- Por Ejemplo

Él ganó un premio en la escuela. / He won an award at school.
Laura ganó la competencia. / Laura won the competition.
Carlos y Silvia ganaron muchos amigos en ese paseo. / Carlos and Silvia made a lot of friends on that walk.
Ustedes ganaron entradas para la obra teatral. / You guys won tickets to the play.

Estudiar / To study

- Yo estudié
- Tú estudiaste
- Él estudió
- Ella estudió
- Usted estudió
- Nosotros estudiamos
- Nosotras estudiamos
- Ustedes estudiamos
- Ellos estudiaron
- Ellas estudiaron

Mari estudió la lección. / Mari studied the lesson.
Gabriel estudió en otro país. / Gabriel studied in another country.
Luis y sus amigos estudiaron para el examen. / Luis and his friends studied for the exam.
Yo estudié una carrera muy interesante. / I studied a very interesting career.
Nosotros estudiamos mucho ayer para el examen. / We studied a lot yesterday for the exam.

Limpiar To clean

- Yo limpié
- Tú limpiaste
- Él limpió
- Ella limpió
- Usted limpió
- Nosotros limpiamos
- Nosotras limpiamos
- Ustedes limpiaron
- Ellos limpiaron
- Ellas limpiaron

For Example- Por Ejemplo

Beatriz limpió su casa muy bien. / Beatriz cleaned her house very well.
Nelson limpió la mesa antes de comer. / Nelson cleaned the table before eating.
Pedro y Carla limpiaron el salón de clases. / Pedro and Carla cleaned the classroom.
David limpió con su mamá / David cleaned with his mom.
Nancy limpió el escritorio de su maestra. / Nancy cleaned her teacher's desk.

Now, let's conjugate some verbs in past ending in "er"

Comer

- Yo comí
- Tú comiste
- Él comió
- Ella comió
- Usted comió
- Nosotros comimos
- Nosotras comimos
- Ustedes comieron
- Ellos comieron
- Ellas comieron

For Example- Por Ejemplo

Lilian y Nelson comieron pasta en el restaurante. / Lilian and Nelson ate pasta at the restaurant.
Laura comió ensalada en la noche. / Laura ate salad at night.
Benjamín comió sopa con sus amigos. / Benjamin ate soup with his friends.
Daniel y Susan comieron pollo. / Daniel and Susan ate chicken.

Mónica comió dulces en la fiesta. / Monica ate candy at the party.

Correr

- Yo corrí
- Tú corriste
- Él corrió
- Él corre
- Ella corrió
- Usted corrió
- Nosotros corrimos
- Nosotras corrimos
- Ustedes corrieron
- Ellos corrieron
- Ellas corrieron

For Example- Por Ejemplo

Karina y Juan corrieron en el parque. / Karina and Juan ran in the park.
Lucy corrió en la competencia. / Lucy ran in the competition.
Sergio corrió con su primo. / Sergio ran with his cousin.

Tú corriste muy rápido ayer. / You ran too fast yesterday.
Carolina corrió hacia la puerta del avión. / Carolina ran to the door of the plane.

Comprender / To comprehend

- Yo comprendí
- Tú comprendiste
- Él comprendió
- Ella comprendió
- Usted comprendió
- Nosotros comprendimos
- Nosotras comprendimos
- Ustedes comprendieron
- Ellos comprendieron
- Ellas comprendieron

Examples:

Laura comprendió muy bien la lección. / Laura understood the lesson very well.
Mari comprendió la explicación de Ana y Manuel. / Mari understood Ana and Manuel's explanation.
Los estudiantes comprendieron que deben llegar a tiempo. / The students understood that they must be on time.

Tú comprendiste todo lo que tu familia te dijo. / You understood everything your family told you.
Nosotros comprendimos a Nancy y Luisa. / We understood Nancy and Luisa.

Prometer / To promise

- Yo prometí
- Tú prometiste
- Él prometió
- Ella prometió
- Usted prometió
- Nosotros prometimos
- Nosotras prometimos
- Ustedes prometieron
- Ellos prometieron
- Ellas prometieron

For Example- Por Ejemplos

Los estudiantes prometieron llegar a tiempo a la clase. / The students promised to be on time for class.

Carolina nos prometió leernos un cuento. / Carolina promised to read us a story.
Tú prometiste estudiar mucho para el examen. / You promised to study hard for the exam.
Yo prometí traer los libros muy temprano al salón de clases. / I promised to bring the books to the classroom very early.
Practice. Fill in the blanks with the correct form of the verbs. Remember the conjugation of them.
Mónica _________ la cuenta en el restaurant (paga/pagó)
Beatriz __________las lecciones la semana pasada (estudió/ estudia)
Los sobrinos de Nancy __________ la casa muy bien antes de la fiesta (limpian/limpiaron)
Carlos __________un premio en la competencia el mes pasado (gana/ganó)
Viviana_______mucho en el parque todos los días (corre/corrió)
Nelson y sus amigos siempre _______ pasta en ese restaurante (comen/comieron)
Carla y Daniela __________ a sus profesores terminar sus tareas a tiempo (prometen/ prometieron)

____

Let's conjugate some verb ending in"ir" in simple past perfect (past simple)

. . .

permitir to let/ to allow

- Yo permití
- Tú permitiste
- Él permitió
- Ella permitió
- Usted permitió
- Nosotros permitimos
- Nosotras permitimos
- Ustedes permitieron
- Ellos permitieron
- Ellas permitieron

For Example- Por Ejemplo

Verónica permitió a sus hermanos manejar su carro. / Veronica allowed her brothers to drive her car.
Juan y Susan le permitieron a Daniel ir de paseo. / Juan and Susan allowed Daniel to go for a walk.
Nosotros le permitimos a Daniela usar nuestra computadora. / We allowed Daniela to use our computer.
Carla le permitió a Manuel comer en su casa. / Carla allowed Manuel to eat at her house.
Yo te permití cuidar a mi mascota la semana pasada. / I allowed you to take care of my pet last week.

Abrir / to open

- Yo abrí
- Tú abriste
- Él abrió
- Ella abrió
- Usted abrió
- Nosotros abrimos
- Nosotras abrimos
- Ustedes abrimos
- Ellos abrieron
- Ellas abrieron

Examples:

Daniel abrió la ventana de su casa en la mañana / Daniel opened the window of his house in the morning.
Luisa abrió la carta que le envió su amiga desde otro país. / Luisa opened the letter that her friend sent her from another country.
Gabriel y Susana abrieron la puerta de la Universidad muy temprano. / Gabriel and Susana opened the door of the University very early.

Yo abrí las cajas de regalos en navidad. / I opened the gift boxes at Christmas.

Compartir

- Yo compartí
- Tú compartiste
- Él compartió
- Ella compartió
- Usted compartió
- Nosotros compartimos
- Nosotras compartimos
- Ustedes compartieron
- Ellos compartieron
- Ellas compartieron

For Example- Por Ejemplo

Karen compartió su almuerzo con los demás niños. / Karen shared her lunch with the other children.
Yo compartí mis servilletas en la mesa. / I shared my napkins on the table.
Luisa y Manuel compartieron buenos recuerdos con sus

amigos. / Luisa and Manuel shared good memories with their friends.
Los amigos de Daniela compartieron la torta de cumpleaños. / Daniela's friends shared the birthday cake.
La maestra compartió el material de clase con los niños. / The teacher shared the class material with the children.

Cubrir / to cover

- Yo cubrí
- Tú cubriste
- Él cubrió
- Ella cubrió
- Usted cubrió
- Nosotros cubrimos
- Nosotras cubrimos
- Ustedes cubrieron
- Ellos cubrieron
- Ellas cubrieron

Lilian cubrió la comida porque hacía frío. / Lilian covered the food, because it was cold.
Miguel y Luisa cubrieron a los gatitos. / Miguel and Luisa covered the kittens.
Yo cubrí las frutas. / I covered the fruit.

Tú cubriste a tus hijos porque llovía. / You covered your children, because it was raining
Alberto cubrió su ropa para que no se ensuciase. / Alberto covered his clothes, so they wouldn't get dirty.

Let's Practice -Vamos a Practicar

Write five sentences in simple present (you can use the verbs above)

____

____

____

____

____

Write the same sentences in preterite (simple past)

____

____

____

Let's Practice -Vamos a Practicar

Look at the sentences. Underline the verbs in preterite (simple past)

Ayer Mari limpió su casa. / Yesterday Mari cleaned her house.

Lucía no vino a clases. / Lucia did not come to class.

Mi tía Elena no disfrutó en el parque. / My aunt Elena did not enjoy in the park.

Laura y Luisa compraron muchos dulces. / Laura and Luisa bought a lot of sweets.

Mis padres fueron al cine. / My parents went to the movies.

Mariela y Jorge salieron de casa temprano. / Mariela and Jorge left home early.

Los estudiantes disfrutaron del paseo en la playa. / The students enjoyed the walk on the beach.

Susana abordó el vuelo a su ciudad preferida. / Susana boarded the flight to her favorite city.

Mis amigos hablaron muchos idiomas en su viaje. / My friends spoke many languages on their trip.

Manuel visitó los principales museos de Europa. / Manuel visited the main museums in Europe.

Luisa invitó a Carlos a la reunión. / Luisa invited Carlos to the meeting.

Nancy no quiso visitar a sus amigas ayer. / Nancy didn't want to visit her friends yesterday.

Cindy y Gabriela cerraron la ventana de la casa. / Cindy and Gabriela closed the window of the house.

Mi mascota no comió nada la semana pasada. / My pet didn't eat anything in the past week.

Brenda lavó la ropa de su familia. / Brenda washed her family's clothes.

Carolina cocinó muy bien con su familia. / Carolina cooked very well with her family.
Nelson abordó el vuelo a la capital. / Nelson boarded the flight to the capital.
Viviana cantó en el festival el año pasado. / Viviana sang at the festival last year.
Claudia no interpretó la lectura. / Claudia did not interpret the reading.
Flor sirvió los postres a sus hermanos. / Flor served desserts to her brothers.
Ana, Gabriel y Luisa comieron mucho en el festival. / Ana, Gabriel and Luisa ate a lot at the festival.
Manuel invitó a Karla a su celebración. / Manuel invited Karla to his celebration.
Daniel recitó muy bien el poema. / Daniel recited the poem very well.
Cindy escribió un libro maravilloso. / Cindy wrote a wonderful book.

Imperfect preterite

This tense denotes an action that occurred continuously in the past. The ending of the verbs when conjugated are "ía","ías", "ían","aba", "abas","aban". Let's look at some examples.

For Example- Por Ejemplo

"ar"

comprar

Yo compraba

Tú comprabas

Él compraba

Ella compraba

Usted compraba

Nosotros comprábamos

Nosotras comprábamos

Ustedes compraban

Ellos compraban

Ellas compraban

cocinar

Yo cocinaba

Tú cocinabas

Él cocinaba

Ella cocinaba

Usted cocinaba

Nosotros cocinábamos

Nosotras cocinábamos
Ustedes cocinaban
Ellos cocinaban
Ellas cocinaban

limpiar

Yo limpiaba
Tú limpiabas
Él limpiaba
Ella limpiaba
Usted limpiaba
Nosotros limpiábamos
Nosotras limpiábamos
Ustedes limpiaban
Ellos limpiaban
Ellas limpiaban

cuidar

Yo cuidaba
Tú cuidabas
Él cuidaba
Ella cuidaba
Usted cuidaba
Nosotros cuidábamos
Nosotras cuidábamos

Ellos cuidaban

Ellas cuidaban

Ustedes cuidaban

hablar

Yo hablaba

Tú hablabas

Él hablaba

Usted hablaba

Nosotros hablábamos

Nosotras hablabamos

Ellos hablaban

Ellas hablaban

caminar

Yo caminaba

Tú caminabas

Él caminaba

Usted caminaba

Nosotros caminábamos

Nosotras caminábamos

Ellos caminaban

Ellas caminaban

Ustedes caminaban

. . .

visitar

Yo visitaba
Tú visitabas
Él visitaba
Ella visitaba
Nosotros visitábamos
Nosotras visitábamos
Ustedes visitaban
Ellos visitaban
Ellas visitaban

trabajar

Yo trabajaba
Tú trabajabas
Él trabajaba
Ella trabajaba
Usted trabajaba
Nosotros trabajábamos
Nosotras trabajábamos
Ustedes trabajaban
Ellos trabajaban
Ellas trabajaban

arreglar

Yo arreglaba

Tú arreglabas
Él arreglaba
Ella arreglaba
Usted arreglaba
Nosotros arreglábamos
Nosotras arreglábamos
Ustedes arreglaban
Ellos arreglaban
Ellas arreglaban

examinar

Yo examinaba
Tú examinabas
Él examinaba
Ella examinaba
Usted examinaba
Nosotros examinábamos
Nosotras examinábamos
Ustedes examinaban
Ellos examinaban
Ellas examinaban

"er"

correr

Yo corría

Tú corrías
Él corría
Ella corría
Usted corría
Nosotros corríamos
Nosotras corríamos
Ustedes corrían
Ellos corrían
Ellas corrían

comer

Yo comía
Tú comías
Él comía
Ella comía
Usted comía
Nosotros comíamos
Nosotras comíamos
Ellos comían
Ellas comían
Ustedes comían

comprender

Yo comprendía
Tú comprendías

Él comprendía
Ella comprendía
Usted comprendía
Nosotros comprendíamos
Nosotras comprendíamos
Ustedes comprendían
Ellos comprendían
Ellas comprendían
Ustedes comprendían

deber

Yo debía
Tú debías
Él debía
Usted debía
Nosotros debíamos
Nosotras debíamos
Ustedes debían
Ellos debían
Ellas debían
Ustedes debían

saber

Yo sabía
Tú sabías

Él sabía

Ella sabía

Usted sabía

Nosotros sabíamos

Nosotras sabíamos

Ustedes sabían

Ellos sabían

Ellas sabían

suponer

Yo suponía

Tú suponías

Él suponía

Ella suponía

Usted suponía

Nosotros suponíamos

Nosotras suponíamos

Ustedes suponían

Ellos suponían

Ellas suponían

conocer

Yo conocía

Tú conocías

Él conocía

Ella conocía
Usted conocía
Nosotros conocíamos
Nosotras conocíamos
Ustedes conocían
Ellos conocían
Ellas conocían

depender

Yo dependía
Tú dependías
Él dependía
Ella dependía
Usted dependía
Nosotros dependíamos
Nosotras dependíamos
Ustedes dependían
Ellos dependían
Ellas dependían

mantener

Yo mantenía
Tú mantenías
Él mantenía
Ella mantenía

Usted mantenía

Nosotros manteníamos

Nosotras manteníamos

Ustedes mantenían

Ellos mantenían

Ellas mantenían

traer

Yo traía

Tú traías

Él traía

Ella traía

Usted traía

Nosotros traíamos

Nosotras traíamos

Ustedes traían

Ellos traían

Ellas traían

"ir"

compartir

Yo compartía

Tú compartías

Él compartía

Ella compartía

Usted compartía
Nosotros compartíamos
Nosotras compartíamos
Ustedes compartían
Ellos compartían
Ellas compartían
Ustedes compartían

permitir

Yo permitía
Tú permitías
Él permitía
Ella permitía
Usted permitía
Nosotros permitíamos
Nosotras permitíamos
Ustedes permitían
Ellos permitían
Ellas permitían

abrir

Yo abría
Tú abrías
Él abría
Ella abría

Usted abría

Nosotros abríamos

Nosotras abríamos

Ustedes abrían

Ellos abrían

Ellas abrían

acudir

Yo acudía

Tú acudías

Él acudía

Ella acudía

Usted acudía

Nosotros acudíamos

Nosotras acudíamos

Ustedes acudían

Ellos acudían

Ellas acudían

salir

Yo salía

Tú salías

Él salía

Ella salía

Usted salía

Nosotros salíamos

Nosotras salíamos

Ustedes salían

Ellos salían

Ellas salían

escribir

Yo escribía

Tú escribías

Él escribía

Ella escribía

Usted escribía

Nosotros escribíamos

Nosotras escribíamos

Ustedes escribían

Ellos escribían

Ellas escribían

subir

Yo subía

Tú subías

Él subía

Ella subía

Usted subía

Nosotros subíamos

Nosotras subíamos
Ustedes subían
Ellos subían
Ellas subían

describir

Yo describía
Tú describías
Él describía
Ella describía
Usted describía
Nosotros describíamos
Nosotras describíamos
Ustedes describían
Ellos describían
Ellas describían

cumplir

Yo cumplía
Tú cumplías
Él cumplía
Ella cumplía
Usted cumplía
Nosotros cumplíamos
Nosotras cumplíamos

Ustedes cumplían

Ellos cumplían

Ellas cumplían

decir

Yo decía

Tú decías

Él decía

Ella decía

Usted decía

Nosotros decíamos

Nosotras decíamos

Ustedes decían

Ellos decían

Ellas decían

Let's Practice -Vamos a Practicar

Make up questions with the verbs above. You can use information questions.

1

2

3

4

5

6

7

8

9

10

Let's Practice - Vamos a Practicar

Read the story and underline the verbs in imperfect preterite.

Los abuelos de Teresa hablaban miestras veían un programa muy interesante de televisión. El abuelo se llama Nelson y la abuela Josefina.

Abuelo Nelson: Oye, Josefina. Recuerdo la época en que éramos muy jóvenes y visitábamos a nuestros amigos para ver películas juntos. A ti te gustaba hacer pasapalos diversos y no salías de la cocina desde la mañana.

Abuela Josefina: Sí, Nelson. Me daba mucha alegría compartir con nuestros amigos. Podemos hacerlo todavía hoy, recordando aquella época tan bonita.

Abuelo Nelson: Sí, creo que los llamaré pronto, para conversar acerca de nuestras costumbres y de las muchas veces que salíamos a practicar deportes.

Abuela Josefina: Podemos reunirnos de nuevo con ellos. Tengo muchísimas ganas de hablar con mis amigas y compartir de nuevo muchas recetas. Hoy en día se preparan unos postres fabulosos, incluso con frutas.

Abuelo Nelson: Ay, Josefina. No cambias. Siempre pensando en la cocina.

Abuela Josefina: Pero, ¿qué puedo hacer? Me encanta cocinar, ahora para mis lindos nietos. Es el momento de ver cómo ellos disfrutan de mis postres jugando con sus amiguitos.

Abuelo Nelson: Sí, todos somos felices con algo.

Abuela Josefina: Sí, Nelson.

Translation:

Teresa's grandparents were talking while they were watching a very interesting television program. The grandfather is called Nelson and the grandmother Josefina.

Grandpa Nelson: Hey, Josefina. I remember the time when we were very young and we would visit our friends to watch movies together. You liked to make different appetizers and you wouldn't leave the kitchen all morning.

Grandma Josefina: Yes, Nelson. It gave me great joy to share that with our friends. We can still do it today, remembering that beautiful time.

Grandpa Nelson: Yes, I think I'll call them soon to talk about our old hobbies and the many times we went out to play sports.

Grandma Josefina: We can meet with them again. I really want to talk to my friends and share many recipes again. Today, some fabulous desserts are prepared, even with fruit.

Grandfather Nelson: Oh, Josefina. You do not change. Always thinking about the kitchen.

Grandmother Josefina: But what can I do? I love to cook now for my cute grandchildren. It's time to see how they enjoy my desserts, playing with their little friends.

Grandpa Nelson: Yes, we are all happy with something.

Grandma Josefina: Yes, Nelson.

Simple Future

The future simple is used in Spanish to express ideas that will be carried out in the future. These ideas are often understood in a formal tone of voice. Its ending is "aré", "arás", "ará", "aremos", "arán".

Let's see how to conjugate some verbs (some irregular verbs are included)

jugar / to play

Yo jugaré

Tú jugarás

Él jugará

Usted jugará

Nosotros jugaremos

Nosotras jugaremos

Ustedes jugarán

Ellos jugarán

Ellas jugarán

venir / to come

Yo vendré

Tú vendrás

Él vendrá

Ella vendrá
Usted vendrá
Nosotros vendremos
Nosotras vendremos
Ustedes vendrán
Ellos vendrán
Ellas vendrán

cantar / to sing

Yo cantaré
Tú cantarás
Él cantará
Ella cantará
Usted cantará
Nosotros cantaremos
Nosotras cantaremos
Ellos cantarán
Ellas cantarán
Ustedes cantarán

limpiar / to clean

Yo limpiaré
Tú limpiarás
Él limpiará

Ella limpiará

Usted limpiará

Nosotros limpiaremos

Nosotras limpiaremos

Ustedes limpiarán

cocinar / to cook

Yo cocinaré

Tú cocinarás

Él cocinará

Ella cocinará

Usted cocinará

Nosotros cocinaremos

Nosotras cocinaremos

Ustedes cocinarán

Ellos cocinarán

Ellas cocinarán

escribir / to write

Yo escribiré

Tú escribirás

Él escribirá

Usted escribirá

Nosotros escribiremos

Nosotras escribiremos
Ustedes escribirán
Ellos escribirán
Ellas escribirán

comprar / to buy

Yo compraré
Tú comprarás
Él comprará
Ella comprará
Usted comprará
Nosotros compraremos
Nosotras compraremos
Ustedes comprarán
Ellos comprarán
Ellas comprarán

estudiar / to study

Yo estudiaré
Tú estudiarás
Él estudiará
Ella estudiará
Usted estudiará
Nosotros estudiaremos
Nosotras estudiaremos

Ustedes estudiarán
Ellos estudiarán
Ellas estudiarán

disfrutar / to enjoy

Yo disfrutaré
Tú disfrutarás
Él disfrutará
Ella disfrutará
Usted disfrutará
Nosotros disfrutaremos
Nosotras disfrutaremos
Ellos disfrutarán
Ellas disfrutarán
Ustedes disfrutarán

arreglar / to fix

Yo arreglaré
Tú arreglarás
Él arreglará
Ella arreglará
Usted arreglará
Nosotros arreglaremos
Nosotras arreglaremos
Ustedes arreglarán

Ellos arreglarán
Ellas arreglarán

decorar / to decorate

Yo decoraré
Tú decorarás
Él decorará
Ella decorará
Usted decorará
Nosotros decoraremos
Nosotras decoraremos
Ellos decorarán
Ellas decorarán
Ustedes decorarán

ver / to see

Yo veré
Tú verás
Él verá
Ella verá
Usted verá
Nosotros veremos
Nosotras veremos
Ustedes verán
Ellos verán

Ellas verán

nadar / to swim

Yo nadaré

Tú nadarás

Él nadará

Ella nadará

Usted nadará

Nosotros nadaremos

Nosotras nadaremos

Ustedes nadarán

Ellos nadarán

Ellas nadarán

desayunar / to have breakfast

Yo desayunaré

Tú desayunarás

Él desayunará

Ella desayunará

Usted desayunará

Nosotros desayunaremos

Nosotras desayunaremos

Ustedes desayunarán

Ellos desayunarán

Ellas desayunarán

. . .

almorzar / to have lunch

Yo almorzaré

Tú almorzarás

Él almorzará

Ella almorzará

Usted almorzará

Nosotros almorzaremos

Nosotras almorzaremos

Ustedes almorzarán

Ellos almorzarán

Ellas almorzarán

cenar / to have dinner

Yo cenaré

Tú cenarás

Él cenará

Ella cenará

Usted cenará

Nosotros cenaremos

Nosotras cenaremos

Ustedes cenarán

Ellos cenarán

Ellas cenarán

. . .

comer / to eat

Yo comeré

Tú comerás

Él comerá

Ella comerá

Usted comerá

Nosotros comeremos

Nosotras comeremos

viajar / to travel

Yo viajaré

Tú viajarás

Él viajará

Ella viajará

Usted viajará

Nosotros viajaremos

Nosotras viajaremos

Ustedes viajarán

Ellos viajarán

Ellas viajarán

disfrutar / to enjoy

Yo disfrutaré

Tú disfrutarás

Él disfrutará
Ella disfrutará
Usted disfrutará
Nosotros disfrutaremos
Nosotras disfrutaremos
Ellos disfrutarán
Ellas disfrutarán

enseñar / to teach

Yo enseñaré
Tú enseñarás
Él enseñará
Ella enseñará
Usted enseñará
Nosotros enseñaremos
Nosotras enseñaremos
Ustedes enseñarán
Ellos enseñarán
Ellas enseñarán

aprender / to learn

Yo aprenderé
Tú aprenderás
Él aprenderá
Ella aprenderá

Usted aprenderá
Nosotros aprenderemos
Nosotras aprenderemos
Ustedes aprenderán
Ellos aprenderán
Ellas aprenderán

esperar / to wait

Yo esperaré
Tú esperarás
Él esperará
Ella esperará
Usted esperará
Nosotros esperaremos
Ustedes esperarán
Ellos esperarán
Ellas esperarán

insistir / to insist

Yo insistiré
Tú insistirás
Él insistirá
Ella insistirá
Usted insistirá
Nosotros insistiremos

Nosotras insistiremos
Ustedes insistirán
Ellos insistirán
Ellas insistirán

pagar / to pay

Yo pagaré
Tú pagarás
Él pagará
Ella pagará
Usted pagará
Nosotros pagaremos
Nosotras pagaremos
Ustedes pagarán
Ellos pagarán
Ellas pagarán

recibir / to receive

Yo recibiré
Tú recibirás
Él recibirá
Ella recibirá
Usted recibirá
Nosotros recibiremos
Nosotras recibiremos

Ustedes recibirán
Ellos recibirán
Ellas recibirán

respetar / to respect

Yo respetaré
Tú respetarás
Él respetará
Ella respetará
Usted respetará
Nosotros respetaremos
Nosotras respetaremos
Ustedes respetarán
Ellos respetarán
Ellas respetarán

reaccionar / to react

Yo reaccionaré
Tú reaccionarás
Él reaccionará
Ella reaccionará
Usted reaccionará
Nosotros reaccionaremos
Nosotras reaccionaremos
Ustedes reaccionarán

Ellos reaccionarán
Ellas reaccionarán

Practice. Choose some of the verbs above and make five affirmative and five negative sentences.

Practice. Underline the verbs in future in the following affirmative and negative sentences.

Rosa vendrá mañana. / Rosa will come tomorrow.
Joel no estudiará la lección. / Joel won't study the lesson.
Laura almorzará temprano en el restaurant. / Laura will have an early lunch at the restaurant.

Daniela no estudiará con sus amigas. / Daniela will not study with her friends.

Lisa tendrá nuevos amigos en su escuela. / Lisa will have new friends at her school.

Benjamín no tomará el nuevo curso. / Benjamin will not take the new course.

Gabriel y sus amigos disfrutarán el paseo. / Gabriel and his friends will enjoy the ride.

Beatriz no irá al parque con su familia. / Beatriz will not go to the park with her family.

Nancy vendrá a la fiesta de Gabriela. / Nancy will come to Gabriela's party.

Lilian se inscribirá pronto en la universidad. / Lilian will be enrolling in college soon.

Carlos y sus padres bailarán en la celebración. / Carlos and his parents will dance at the celebration.

¡Hoy lloverá! / Today it will rain!

A partir de mañana tendremos nuevos profesores. / Starting tomorrow we will have new teachers.

Todos serán felices en la feria de la ciudad. / Everyone will be happy at the city fair.

Viviana celebrará su cumpleaños la próxima semana. / Viviana will celebrate her birthday next week.

Todos saben que Luis cumplirá sus sueños. / Everyone knows that Luis will fulfill his dreams.

Manuel no llegará a la competencia. / Manuel will not reach the competition.

Carlos y Pedro caminarán mucho en la avenida. / Carlos and Pedro will walk a lot on the avenue.
Benjamín pintará la casa de Eleonora. / Benjamin will paint Eleonora's house.
Diana limpiará el piso de la casa de su mamá. / Diana will clean the floor of her mother's house.
Víctor cocinará platos muy deliciosos. / Victor will cook very delicious dishes.
Delia y Luisa no estudiarán juntos el próximo año. / Delia and Luisa will not study together next year.
Daniel tendrá mucho éxito en sus estudios. / Daniel will be very successful in his studies.
Adrián no comprará los libros. / Adrián won't buy the books.
Todos asistiremos a la charla en la biblioteca. / We will all attend the talk in the library.

Practice. Read the story. Underline the verbs conjugated in future tense.

Nelly y Simón están en un viaje de la universidad. Entre tantas conversaciones, intercambian ideas de sus planes a futuro, luego de graduarse.

Nelly: Simón, ¿qué harás después de graduarte en la universidad?

Simón: Oh, Nelly. Bueno, tengo muchos planes a futuro. Principalmente, creo que seguiré estudiando posgrados.

Nelly: ¿Posgrados? ¿en qué áreas?

Simón: No sé aún, porque me gusta mucho estudiar, así que estudiaré muchos posgrados relacionados con mi carrera ¿Y tú?, ¿qué harás?

Nelly: Yo me iré a vivir a otros países trabajando mucho con todo lo que aprendí en la universidad. Me gusta mucho viajar.

Simón: Ya veo, Nelly. Tus planes son excelentes también.

Nelly: Sí, otros de mis planes son ayudar a muchas personas con mi trabajo. Me gusta mucho ayudar a los niños.

Simón: Yo esperaré muchos años para trabajar. Estudiaré mucho antes.

Nelly: Te felicito Simón.

Simón: Gracias, Nelly.

Let's Practice -Vamos a Practicar

According to the previous explanation, of how to change the verbs in the future, make the changes to the following verbs.

Sample:

caminar caminaré

estudiar

jugar

terminar

buscar

ayudar

continuar

vivir

Let's Practice -Vamos a Practicar

Select 10 verbs from the previous lessons and change them to the future tense.

* * *

* * *

* * *

* * *

* * *

* * *

* * *

* * *

* * *

* * *

Business Phrases

Practice. Read the story.

Liliana trabaja mucho en la oficina de sus hermanos, quienes son grandes ejecutivos, siempre muy interesados en aportar nuevas ideas a sus clientes y así realizar cambios positivos en sus trabajos. A Liliana le gusta mucho la contabilidad, la gerencia, la administración y todo lo relacionado con el ámbito ejecutivo. Todos los días llega de primera a la oficina, se prepara una bebida caliente y comienza a crear planes con el fin de mostrárselos a sus hermanos. Otra áreas en las que Liliana se enfoca mucho son la informática y la computación.

En la oficina, Liliana encuentra muchas tareas por hacer a diario; consulta con sus compañeros de trabajo acerca de la promoción de los trabajos ya realizados y completa portafolios de gran valor.

El internet ayuda mucho a Liliana; tiene muchos comentarios un su blog acerca de cómo llegar a ser exitoso en los proyectos.

Todas las tardes, diferentes clientes le consultan a Liliana acerca del alcance de sus proyectos, así como por asesoría empresarial.

Translation

Liliana works a lot in her brothers' office, who are great

executives. They are always very interested in bringing new ideas to their clients and thus making positive changes to their jobs. Liliana is very fond of accounting, management, administration, and everything related to the executive sphere. Every day she comes to the office first, makes herself a hot drink, and begins to create plans to show off to her siblings. Other areas that Liliana focuses a lot on are computers and computing.

At the office, Liliana finds many tasks to do on a daily basis. She consults with her co-workers about promoting work already done and complete valuable portfolios.

The internet helps Liliana a lot. She has many comments on his blog about how to become successful in projects.

Every afternoon, different clients consult Liliana about the scope of her projects, as well as for business advice.

Let's Practice -Vamos a Practicar

Underline the words related with business.

Choose all the words related with business and make new sentences with them.

Practice. Answer the questions. Yes/No answers in Spanish.

¿Te gusta trabajar en oficinas? / Do you like working in offices?

¿Te gusta alguna área empresarial de las antes mencionadas? / Do you like any of the business sectors mentioned above?

Let's Practice -Vamos a Practicar

Study the phrases related to business.

¡Comencemos el proyecto! / Let's start the project!
Mañana es la reunión de negocios. / Tomorrow is the business meeting.
Pronto iremos a la conferencia. / Soon we will go to the conference.
Vamos a planificar juntos. / Let's plan together.
Revisa este plan de mercadeo. / Review this marketing plan.
Quiero leer los libros contables. / I want to read the accounting books.
¿Conoces las fases de los procesos administrativos? / Do you know the phases of the administrative processes?
A todos en la oficina les gusta trabajar en la gerencia. / Everyone in the office likes to work in management.
Mi tío es un buen gerente. / My uncle is a good manager.
Revisemos el organigrama de la empresa. / Let's review the organization chart of the company.
Bruno es un buen contador. / Bruno is a good accountant.
Carlos y Susana estudian mercadeo en la universidad. / Carlos and Susana study marketing at university.

Los estudiantes realizan investigaciones de mercado / Students conduct market research
Las estadísticas muestran un gran avance en el proyecto. / Statistics show great progress in the project.
Nuestra oficina es muy grande, por eso estoy contento. / Our office is very big, that's why I'm happy.
Somos unos ejecutivos exitosos. / We are successful executives.
¡Trata de llegar a tiempo a la conferencia! / Try to be on time for the conference!
Es necesario realizar esta reunión. / It is necessary to hold this meeting.

Conjugation of Verbs Ending in "Ar"

Buscar (To Look For)

Present	Past	Imperfect	Future
Buscar (To Look For)			
Yo Busco	Busqué	Buscaba	Buscaré
Tú Buscas	Buscaste	Buscabas	Buscarás
Él Busca	Buscó	Buscaba	Buscará
Ella Busca	Buscó	Buscaba	Buscará
Usted Busca	Buscó	Buscaba	Buscará
Nosotros Buscamos	Buscamos	Buscábamos	Buscaremos
Nosotras Buscamos	Buscamos	Buscábamos	Buscaremos
Ustedes Buscan	Buscaron	Buscaban	Buscarán
Ellos Buscan	Buscaron	Buscaban	Buscarán
Ellas Buscan	Buscaron	Buscaban	Buscarán

Nadar (To Swim)

Nadar (To Swim)			
Yo Nado	Nadé	Nadaba	Nadaré
Tú Nadas	Nadaste	Nadaba	Nadará
Él Nada	Nadó	Nadaba	Nadará
Ella Nada	Nadó	Nadaba	Nadará
Usted Nada	Nadó	Nadaba	Nadará
Nosotros	Nadan	Nadaban	Nadarán
Nosotras	Nadamos	Nadábamos	Nadaremos
Ustedes Nadan	Nadaron	Nadaban	Nadarán
Ellos Nadan	Nadaron	Nadaban	Nadarán
Ellas Nadan	Nadaron	Nadaban	Nadarán

Llamar (To Call)

Llamar (To Call)			
Yo Llamo	Llamé	Llamaba	Llamaré
Tú Llamas	Llamaste	Llamabas	Llamarás
El Llama	Llamó	Llamaba	Llamará
Ella Llama	Llamó	Llamaba	Llamará
Usted Llama	Llamó	Llamaba	Llamará
Nosotros Llamamos	Llamamos	Llamábamos	Llamaremos
Nosotras Llamamos	Llamamos	Llamábamos	Llamaremos
Ustedes Llaman	Llamamos	Llamaban	Llamarán
Ellos Llaman	Llamaron	Llamaban	Llamarán
Ellas Llaman	Llamaron	Llamaban	Llamarán

Preguntar (To Ask)

Preguntar (To Ask)			
Yo Pregunto	Pregunté	Preguntaba	Preguntaré
Tú Preguntas	Preguntaste	Preguntabas	Preguntarás
Él Pregunta	Preguntó	Preguntaba	Preguntará
Ella Pregunta	Preguntó	Preguntaba	Preguntará
Usted Pregunta	Preguntó	Preguntaba	Preguntará
Nosotros Preguntamos	Preguntamos	Preguntábamos	Preguntaremos
Nosotras Preguntamos	Preguntamos	Preguntábamos	Preguntaremos
Ustedes Preguntan	Preguntaron	Preguntaban	Preguntarán
Ellos Preguntan	Preguntaron	Preguntaban	Preguntarán
Ellas Preguntan	Preguntaron	Preguntaban	Preguntarán

Practicar (To Practice)

Practicar (To Practice)			
Yo Practico	Practiqué	Practicaba	Practicaré
Tú Practicas	Practicaste	Practicabas	Practicarás
Él Practica	Practicó	Practicaba	Practicará
Ella Practica	Practicó	Practicaba	Practicará
Usted Practica	Practicó	Practicaba	Practicará
Nosotros Practicamos	Practicamos	Practicábamos	Practicaremos
Nosotras Practicamos	Practicamos	Practicábamos	Practicaremos
Ustedes Practican	Practicaron	Practicaban	Practicarán
Ellos Practican	Practicaron	Practicaban	Practicarán
Ellas Practican	Practicaron	Practicaban	Practicarán

Viajar (To Travel)

Viajar (To Travel)			
Yo Viajo	Viajé	Viajaba	Viajaré
Tú Viajas	Viajaste	Viajabas	Viajarás
El Viaja	Viajó	Viajaba	Viajará
Ella Viaja	Viajó	Viajaba	Viajará
Usted Viaja	Viajó	Viajaba	Viajará
Nosotros Viajamos	Viajamos	Viajábamos	Viajaremos
Nosotras Viajamos	Viajamos	Viajábamos	Viajaremos
Ustedes Viajan	Viajaron	Viajaban	Viajarán
Ellos Viajan	Viajaron	Viajaban	Viajarán
Ellas Viajan	Viajaron	Viajaban	Viajarán

Usar (To Use)

Usar (To Use)			
Yo Uso	Usé	Usaba	Usaré
Tú Usas	Usaste	Usaba	Usarás
El Usa	Usó	Usaba	Usará
Ella Usa	Usó	Usaba	Usará
Usted Usa	Usó	Usaba	Usará
Nosotros Usamos	Usamos	Usábamos	Usaremos
Nosotras Usamos	Usamos	Usábamos	Usaremos
Ustedes Usan	Usaron	Usaban	Usarán
Ellos Usan	Usaron	Usaban	Usarán
Ellas Usan	Usaron	Usaban	Usarán

Regresar (To Come Back)

Regresar (To Come Back)			
Yo Regreso	Regresé	Regresaba	Regresaré
Tú Regresas	Regresaste	Regresabas	Regresarás
Él Regresa	Regresó	Regresaba	Regresará
Ella Regresa	Regresó	Regresaba	Regresará
Usted Regresa	Regresó	Regresaba	Regresará
Ellos Regresan	Regresaron	Regresaban	Regresarán
Ellas Regresan	Regresaron	Regresaban	Regresarán
Nosotros Regresamos	Regresamos	Regresábamos	Regresaremos
Nosotras Regresamos	Regresamos	Regresábamos	Regresaremos
Ustedes Regresan	Regresaron	Regresaban	Regresarán

Trabajar (To Work)

Trabajar (To Work)			
Yo Trabajo	Trabajé	Trabajaba	Trabajaré
Tú Trabajas	Trabajaste	Trabajabas	Trabajarás
Él Trabaja	Trabajó	Trabajaba	Trabajará
Ella Trabaja	Trabajó	Trabajaba	Trabajará
Usted Trabaja	Trabajó	Trabajaba	Trabajará
Nosotros Trabajamos	Trabajamos	Trabajábamos	Trabajaremos
Nosotras Trabajamos	Trabajamos	Trabajábamos	Trabajaremos
Ustedes Trabajan	Trabajan	Trabajaron	Trabajarán
Ellos Trabajan	Trabajan	Trabajaron	Trabajarán
Ellas Trabajan	Trabajan	Trabajaron	Trabajarán

Felicitar (To Congratulate)

Felicitar (To Congratulate)			
Yo Felicito	Felicité	Felicitaba	Felicitaré
Tú Felicitas	Felicitaste	Felicitabas	Felicitaré
Él Felicita	Felicitó	Felicitaba	Felicitará
Ella Felicita	Felicitó	Felicitaba	Felicitará
Usted Felicita	Felicitó	Felicitaba	Felicitará
Nosotros Felicitamos	Felicitamos	Felicitábamos	Felicitaremos
Nosotras Felicitamos	Felicitamos	Felicitábamos	Felicitaremos
Ustedes Felicitan	Felicitaron	Felicitaban	Felicitarán
Ellos Felicitan	Felicitaron	Felicitaban	Felicitarán
Ellas Felicitan	Felicitaron	Felicitaban	Felicitarán

Aumentar (To Increase)

Aumentar (To Increase)			
Yo Aumento	Aumenté	Aumentaba	Aumentaré
Tú Aumentas	Aumentaste	Aumentabas	Aumentarás
El Aumenta	Aumentó	Aumentaba	Aumentará
Ella Aumenta	Aumentó	Aumentaba	Aumentará
Usted Aumenta	Aumentó	Aumentaba	Aumentará
Nosotros Aumentamos	Aumentamos	Aumentaba	Aumentaremos
Nosotras Aumentamos	Aumentamos	Aumentaba	Aumentaremos
Ustedes Aumentan	Aumentaron	Aumentaban	Aumentarán
Ellos Aumentan	Aumentaron	Aumentaban	Aumentarán
Ellas Aumentan	Aumentaron	Aumentaban	Aumentarán

Jugar (To Play)

Jugar (To Play)			
Yo Juego	Jugué	Jugaba	Jugarán
Tú Juegas	Jugaste	Jugabas	Jugarás
Él Juega	Jugó	Jugaba	Jugará
Ella Juega	Jugó	Jugaba	Jugará
Usted Juega	Jugó	Jugaba	Jugará
Nosotros Jugamos	Jugamos	Jugábamos	Jugaremos
Nosotras Jugamos	Jugamos	Jugábamos	Jugaremos
Ustedes Juegan	Jugaron	Jugaban	Jugarán
Ellos Juegan	Jugaron	Jugaban	Jugarán
Ellas Juegan	Jugaron	Jugaban	Jugarán

Conjugation of Verbs Ending in "Er"

Comer (To Eat)

Comer (To Eat)			
Yo Como	Comí	Comía	Comeré
Tú Comes	Comiste	Comías	Comerás
El Come	Comió	Comía	Comerá
Ella Come	Comió	Comía	Comerá
Usted Come	Comió	Comía	Comerá
Nosotros Comemos	Comimos	Comíamos	Comeremos
Nosotras Comemos	Comimos	Comíamos	Comeremos
Ustedes Comen	Comieron	Comían	Comerán
Ellos Comen	Comieron	Comían	Comerán
Ellas Comen	Comieron	Comían	Comerán

Responder (To Answer)

Responder (To Answer)			
Yo Respondo	Respondí	Respondía	Responderé
Tú Respondes	Respondiste	Respondías	Responderás
El Responde	Respondió	Respondía	Responderá
Ella Responde	Respondió	Respondía	Responderá
Usted Responde	Respondió	Respondía	Responderá
Nosotros Respondemos	Respondimos	Respondíamos	Responderán
Nosotras Respondemos	Respondimos	Respondíamos	Responderemos
Ustedes Responden	Respondieron	Respondían	Responderán
Ellos Responden	Respondieron	Respondían	Responderán
Ellas Responden	Respondieron	Respondían	Responderán

Creer (To Believe)

Creer (To Believe)			
Yo Creo	Creí	Creía	Creeré
Tú Crees	Creiste	Creías	Creerás
El Cree	Creyó	Creía	Creerá
Ella Cree	Creyó	Creía	Creerá
Usted Cree	Creyó	Creía	Creerá
Nosotros Creemos	Creimos	Creíamos	Creeremos
Nosotras Creemos	Creimos	Creíamos	Creeremos
Ustedes Creen	Creyeron	Creían	Creerán
Ellos Creen	Creyeron	Creían	Creerán
Ellas Creen	Creyeron	Creían	Creerán

Conocer (To Know, To Meet)

Conocer (To Know, To Meet)			
Yo Conozco	Conocí	Conocían	Conocerán
Tú Conoces	Conociste	Conocías	Conocerás
Él Conoce	Conoció	Conocía	Conocerá
Ella Conoce	Conoció	Conocía	Conocerá
Usted Conoce	Conoció	Conocía	Conocerá
Nosotros Conocemos	Conocimos	Conocía	Conoceremos
Nosotras Conocemos	Conocimos	Conocíamos	Conoceremos
Ustedes Conocen	Conocieron	Conocían	Conocerán
Ellos Conocen	Conocieron	Conocían	Conocerán
Ellas Conocen	Conocieron	Conocían	Conocerán

Obedecer (To Obey)

Obedecer (To Obey)			
Yo Obedezco	Obedecí	Obedecía	Obedeceré
Tú Obedeces	Obedeciste	Obedecías	Obedecerás
Él Obedece	Obedeció	Obedecía	Obedecerá
Ella Obedece	Obedeció	Obedecía	Obedeceré
Usted Obedece	Obedeció	Obedecía	Obedeceré
Nosotros Obedecemos	Obedecimos	Obedecíamos	Obedeceremos
Nosotras Obedecemos	Obedecimos	Obedecíamos	Obedeceremos
Ustedes Obedecen	Obedecimos	Obedecíamos	Obedeceremos
Ellos Obedecen	Obedecimos	Obedecíamos	Obedeceremos
Ellas Obedecen	Obedecimos	Obedecíamos	Obedeceremos

Crecer (To Grow)

Crecer (To Grow)			
Yo Crezco	Crecí	Crecía	Creceré
Tú Creces	Creciste	Crecías	Crecerás
Él Crece	Creció	Crecía	Crecerá
Ella Crece	Creció	Crecía	Crecerá
Usted Crece	Creció	Crecía	Crecerá
Nosotros Crecemos	Crecieron	Crecían	Crecerán
Nosotras Crecemos	Crecimos	Crecíamos	Creceremos
Ustedes Crecen	Crecieron	Crecían	Crecerán
Ellos Crecen	Crecieron	Crecían	Crecerán
Ellas Crecen	Crecieron	Crecían	Crecerán

Merecer (To Deserve)

Merecer (To Deserve)			
Yo Merezco	Merecí	Merecía	Mereceré
Tú Mereces	Mereciste	Merecía	Merecerás
Él Merece	Mereció	Merecía	Merecerá
Ella Merece	Mereció	Merecía	Merecerá
Usted Merece	Mereció	Merecía	Merecerá
Nosotros Merecemos	Merecimos	Merecíamos	Mereceremos
Nosotras Merecemos	Merecimos	Merecíamos	Mereceremos
Ustedes Merecen	Merecieron	Merecían	Merecerán
Ellos Merecen	Merecieron	Merecían	Merecerán
Ellas Merecen	Merecieron	Merecían	Merecerán

Ver (To See)

Ver (To See)			
Yo Veo	Ví	Veía	Veré
Tú Ves	Viste	Veías	Veás
El Ve	Vió	Veía	Verá
Ella Ve	Vió	Veía	Verá
Usted Ve	Vió	Veía	Verá
Nosotros Vemos	Vimos	Veíamos	Veremos
Nosotras Vemos	Vimos	Veíamos	Veremos
Ustedes Ven	Vieron	Veían	Verán
Ellos Ven	Vieron	Veían	Verán
Ellas Ven	Vieron	Veían	Verán

Saber (To Know)

Saber (To Know)			
Yo Sé	Supe	Sabían	Sabrán
Tú Sabes	Supiste	Sabías	Sabrás
El Sabe	Supo	Sabía	Sabrá
Ella Sabe	Supo	Sabía	Sabrá
Usted Sabe	Supo	Sabía	Sabrá
Nosotros Sabemos	Supimos	Sabíamos	Sabremos
Nosotras Sabemos	Supimos	Sabíamos	Sabremos
Ustedes Saben	Supimos	Sabíamos	Sabremos
Ellos Saben	Supieron	Sabían	Sabrán
Ellas Saben	Supieron	Sabían	Sabrán

Reconocer (To Acknowledge)

Reconocer (To Acknowledge)			
Yo Reconozco	Reconocí	Reconocía	Reconocerás
Tú Reconoces	Reconociste	Reconocías	Reconocerás
Él Reconoce	Reconoció	Reconocía	Reconocerás
Ella Reconoce	Reconoció	Reconocía	Reconocerá
Usted Reconoce	Reconoció	Reconocía	Reconocerá
Nosotros Reconocemos	Reconocimos	Reconocíamos	Reconoceremos
Nosotras Reconocemos	Reconocimos	Reconocíamos	Reconoceremos
Ustedes Reconocen	Reconocieron	Reconocían	Reconocerán
Ellos Reconocen	Reconocieron	Reconocían	Reconocerán
Ellas Reconocen	Reconocieron	Reconocían	Reconocerán

Traer (To Bring)

Traer (To Bring)			
Yo Traigo	Traje	Traía	Traeré
Tú Traes	Trajiste	Traías	Traerás
Él Trae	Trajo	Traía	Traerá
Ella Trae	Trajo	Traía	Traerá
Usted Trae	Trajo	Traía	Traerá
Nosotros Traemos	Trajimos	Traíamos	Traeremos
Nosotras Traemos	Trajimos	Traíamos	Traeremos
Ustedes Traen	Trajeron	Traían	Traerán
Ellos Traen	Trajeron	Traían	Traerán
Ellas Traen	Trajeron	Traían	Traerán

Poder (To Be Able)

Poder (To Be Able)			
Yo Puedo	Pude	Podría	Podré
Tú Puedes	Pudiste	Podrías	Podrás
Él Puede	Pudo	Podría	Podrá
Ella Puede	Pudo	Podría	Podrá
Usted Puede	Pudo	Podría	Podrá
Nosotros Podemos	Pudimos	Podríamos	Podremos
Nosotras Podemos	Pudimos	Podríamos	Podremos
Ustedes Pueden	Pudieron	Podrían	Podrán
Ellos Pueden	Pudieron	Podrían	Podrán
Ellas Pueden	Pudieron	Podrían	Podrán

Verbos Regulares E Irregulares Terminados En "Ir"

Imprimir (To Print)

Imprimir (To Print)			
Yo Imprimo	Imprimí	Imprimían	Imprimirá
Tú Imprimes	Imprimiste	Imprimían	Imprimirás
Él Imprime	Imprimió	Imprimía	Imprimirá
Ella Imprime	Imprimió	Imprimía	Imprimirá
Usted Imprime	Imprimió	Imprimía	Imprimirá
Nosotros Imprimimos	Imprimimos	Imprimíamos	Imprimiríamos
Nosotras Imprimimos	Imprimimos	Imprimíamos	Imprimiríamos
Ellos Imprimen	Imprimieron	Imprimían	Imprimirían
Ellas Imprimen	Imprimieron	Imprimían	Imprimirían

Salir (To Leave)

Salir (To Leave)			
Yo Salgo	Saliste	Salía	Saldremos
Tú Sales	Salió	Salías	Saldrás
Él Sale	Salió	Salía	Saldrá
Ella Sale	Salió	Salía	Saldrá
Usted Sale	Salió	Salía	Saldrá
Nosotros Salimos	Salimos	Salíamos	Saldremos
Nosotras Salimos	Salimos	Salíamos	Saldremos
Ustedes Salen	Salen	Salían	Saldrán
Ellos Salen	Salen	Salían	Saldrán
Ellas Salen	Salen	Salían	Saldrán

Concluir (To Conclude)

Concluir (To Conclude)			
Yo Concluyo	Concluí	Concluía	Concluiré
Tú Concluyes	Concluiste	Concluías	Concluirás
Él Concluye	Concluyó	Concluía	Concluirá
Ella Concluye	Concluyó	Concluía	Concluirá
Usted Concluye	Concluyó	Concluía	Concluirá
Nosotros Concluimos	Concluimos	Concluíamos	Concluiremos
Nosotras Concluimos	Concluimos	Concluíamos	Concluiremos
Ellos Concluyen	Concluyen	Concluían	Concluirán
Ellas Concluyen	Concluyen	Concluían	Concluirán

Construir (To Build)

Construir (To Build)			
Yo Construyo	Construí	Construía	Construiré
Tú Construyes	Construiste	Construías	Construirás
Él Construye	Construyó	Construía	Construirá
Ella Construye	Construyó	Construía	Construirá
Usted Construye	Construyó	Construía	Construirá
Nosotros Construimos	Construimos	Construíamos	Construiremos
Nosotras Construimos	Construimos	Construíamos	Construiremos
Ustedes Constuyen	Construyeron	Construían	Construirán
Ellos Construyen	Construyeron	Construían	Construirán
Ellas Construyen	Construyeron	Construían	Construirán

Pulir (To Polish)

Pulir (To Polish)			
Yo Pulo	Pulí	Pulían	Puliré
Tú Pules	Puliste	Pulías	Pulirás
Él Pule	Pulió	Pulía	Pulirá
Ella Pule	Pulió	Pulía	Pulirá
Usted Pule	Pulió	Pulía	Pulirá
Nosotros Pulimos	Pulimos	Pulíamos	Puliremos
Nosotras Pulimos	Pulimos	Pulíamos	Puliremos
Ustedes Pulen	Pulieron	Pulían	Pulirán
Ellos Pulen	Pulieron	Pulían	Pulirán
Ellas Pulen	Pulieron	Pulían	Pulirán

Dirigir (To Lead)

Dirigir (To Lead)			
Yo Dirijo	Dirigí	Dirigía	Dirigiré
Tú Diriges	Dirigiste	Dirigías	Dirigirás
Él Dirige	Dirigió	Dirigía	Dirigirá
Ella Dirige	Dirigió	Dirigía	Dirigirá
Usted Dirige	Dirigió	Dirigía	Dirigirá
Nosotros Dirigimos	Dirigimos	Dirigíamos	Dirigiremos
Nosotras Dirigimos	Dirigimos	Dirigíamos	Dirigiremos
Ustedes Dirigen	Dirigieron	Dirigían	Dirigirán
Ellos Dirigen	Dirigieron	Dirigían	Dirigirán
Ellas Dirigen	Dirigieron	Dirigían	Dirigirán

Vivir (To Live)

Vivir (To Live)			
Yo Vivo	Viví	Vivían	Viviré
Tú Vives	Viviste	Vivías	Vivirás
Él Vive	Vivió	Vivía	Vivirá
Ella Vive	Vivió	Vivía	Vivirá
Usted Vive	Vivió	Vivía	Vivirá
Nosotros Vivimos	Vivimos	Vivíamos	Viviremos
Nosotras Vivimos	Vivimos	Vivíamos	Viviremos
Ustedes Viven	Vivieron	Vivían	Vivirán
Ellos Viven	Vivieron	Vivían	Vivirán
Ellas Viven	Vivieron	Vivían	Vivirán

Escribir (To Write)

Escribir (To Write)			
Yo Escribo	Escribí	Escribía	Escribiré
Tú Escribes	Escribiste	Escribías	Escribirás
Él Escribe	Escribió	Escribía	Escribirá
Ella Escribe	Escribió	Escribía	Escribirá
Usted Escribe	Escribió	Escribía	Escribirá
Nosotros Escribimos	Escribimos	Escribíamos	Escribiremos
Nosotras Escribimos	Escribimos	Escribíamos	Escribiremos
Ustedes Escriben	Escribieron	Escribían	Escribirán
Ellos Escriben	Escribieron	Escribían	Escribirán
Ellas Escriben	Scribieron	Escribían	Escribirán

Sugerir (To Suggest)

Sugerir (To Suggest)			
Yo Sugiero	Sugerí	Sugería	Sugeriré
Tú Sugieres	Sugeriste	Sugerías	Sugerirás
Él Sugiere	Sugirió	Sugería	Sugerirá
Ella Sugiere	Sugirió	Sugería	Sugerirá
Usted Sugiere	Sugirió	Sugería	Sugerirá
Nosotros Sugerimos	Sugerimos	Sugeríamos	Sugeriremos
Nosotras Sugerimos	Sugerimos	Sugeríamos	Sugeriremos
Ustedes Sugieren	Sugirieron	Sugerían	Sugerirán
Ellos Sugieren	Sugirieron	Sugerían	Sugerirán
Ellas Sugieren	Sugirieron	Sugerían	Sugerirán

Sonreir (To Smile)

Sonreir (To Smile)			
Yo Sonrío	Sonreí	Sonreía	Sonreiré
Tú Sonríes	Sonreiste	Sonreías	Sonreirás
Él Sonríe	Sonrió	Sonreía	Sonreirá
Ella Sonríe	Sonrió	Sonreía	Sonreirá
Usted Sonríe	Sonrió	Sonreía	Sonreirá
Nosotros Sonreimos	Sonreímos	Sonreíamos	Sonreiremos
Nosotras Sonreimos	Sonreímos	Sonreíamos	Sonreiremos
Ustedes Sonríen	Sonrieron	Sonreían	Sonreirán
Ellos Sonríen	Sonrieron	Sonreían	Sonreirán
Ellas Sonríen	Sonrieron	Sonreían	Sonreirán

Admitir (To Admite)

Admitir (To Admite)			
Yo Admito	Admitiste	Admitían	Admitiré
Tú Admites	Admitió	Admitían	Admitirás
Él Admite	Admitió	Admitía	Admitirá
Ella Admite	Admitió	Admitía	Admitirá
Usted Admite	Admitió	Admitía	Admitirá
Nosotros Admitimos	Admitimos	Admitíamos	Admitiremos
Nosotras Admitimos	Admitimos	Admitíamos	Admitiremos
Ustedes Admiten	Admitieron	Admitían	Admitirán
Ellos Admiten	Admitieron	Admitían	Admitirán
Ellas Admiten	Admitieron	Admitían	Admitirán

Afterword

And now you've reached the end of this quick, for beginners, educational book. We really hope this books acts as your starting point for a fruitful and exciting Spanish learning experience. The one thing we want to leave you with, and we'll keep this short and sweet, is that no matter how hard this gets, don't give up.

Learning languages can be difficult, complicated, and sometimes even frustrating. Stick with it. The more you practice, the harder you work, the more you will master the language. And the real payoff will come when you find yourself in a situation where you need what you've learned and can navigate through it all seamlessly...or at least well enough to impress.

So, good luck, and happy learning!

Fernando Salcedo

Spanish Short Stories

20 exciting short novels for beginners and intermediate Spanish language learners

Introduction

Learning a language takes a lot more than getting through a textbook or completing a course on a language app or website; you need to be able to understand and have day to day conversation in the language you're trying to learn. Textbooks and instructional courses are good for reaching that stage where you need to understand the formal aspects of the language - grammar, sentence structure, syntax, etc. -, but lacking the verbal variety and capacity to express yourself freely and accurately will severely affect your retention and use of the language you're trying to learn.

One of the most proven and effective methods to familiarizing oneself with a language and expanding vocabulary is exposing yourself to media and literature in that language. Not only will this help you grasp how the language is colloquialized and used in everyday life, it will also help you notice social and cultural aspects attached to the communities communicating with the language you're learning; we usually miss such nuances and idiomatic expressions when depending on subtitles for example.

Reading can be the most suitable exercise for you if you like to take your time dissecting what you're trying to understand. A lot of people prefer reading texts to listening if they're still in the early stages of familiarizing themselves with an unfamiliar language since it gives one the space to look up words and reread without getting distracted by other aspects of what they're consuming. Music and films can also work wonders, but at a later stage, where the learner has become fluent enough to understand the language in its most organic speed and form. That stage, however, can only be confidently reached when you've taken your time going through a number of texts; reading and exposing yourself to different words and sentences.

When it comes to choosing the type of text or literature you're going to be close-reading, you need to keep in mind that your top priority is expanding your vocabulary and knowledge of different sentence structures and intonations of speech. This is where short stories prove mightier than novels or larger texts; short stories can offer you a colorful variety of scenarios, tones, registers, and characters that will surely pull you into a whole new world of adjectives and nouns. Larger texts or novels are engaging and informative in their own way, but if you're looking to buff up your fluency and pick up on different ways to express yourself, you need the variety of writing styles found in short story collections.

This book is primarily intended for advanced beginners and intermediate Spanish speakers. Through this wide variety of short stories and genres, you'll widen your comprehension of the language, get more comfortable with prevalent sentence structures, phrases, and conversational rhythms, and gain a wealth of new vocabulary along the way! Each story in this book comes with:

- A brief summary in Spanish to help you contextualize what you're about to jump into.
- Accessible questions to test your comprehension of the different plots.
- A clear glossary of note-worthy and commonly used vocabulary found in the story, with their English translations.

You're bound to run into sentences and words that seem quite unfamiliar to you, but do not let that demotivate you; this only proves how much you can learn from exposing yourself to a wide variety of texts and media. In such scenarios, the context of what you're reading - supporting sentences, words, or even the general atmosphere of an event or tone of writing – can help you decipher that specific sentence or phrase you're struggling with; after all, this relational method of comprehension is one of the best ways to properly understand any language.

Chapter 1

Tú y yo

Summary:

Verónica is a translator who, after several attempts, finally gets pregnant. Although she was able to fulfill her dream as a mother, she finds herself in a difficult scenario: a complicated marriage and a work situation that does not make her happy either. Over time, she will realize that she only has herself and her son, Ramiro..

Verónica, la mayor de dos hermanas, creció en un **entorno** humilde y precario, aunque siempre rodeada de amor y protección por parte de sus padres.

Por suerte, con el paso del tiempo, mejoró su calidad de vida. Tanto ella como su familia pudieron mudarse a una mejor zona y en una casa más grande y cómoda, no hubo que preocuparse por la comida porque siempre abundó y, además, tuvo la oportunidad de estudiar en colegios muy buenos.

No se podía quejar, por muchos años, siempre tuvo buenos amigos, fue a fiestas y la pasaba genial, incluso cuando comenzó su carrera como traductora e intérprete. Sin duda, la universidad fue una época increíble.

Como era natural para el momento en el que vivía, se casó poco después de **graduarse** y encontró un trabajo en una empresa de cosméticas como traductora de documentos oficiales.

Todo iba bien, hasta que llegó el momento de tener un hijo. **A diferencia** de todos lo demás, embarazarse fue un reto físico y mental. Su esposo tenía un problema hormonal que impedía que ella pudiera quedar **encinta**.

Verónica pasó días con tratamientos fuertes y noches con malestares que la dejaban **debilitada.** Incluso, en ciertas ocasiones pensó dejar todo eso y dedicarse mejor a su vida como profesional. Pero luego recordaba que tener un hijo era un sueño que quería hacer realidad, así que siguió hacia adelante.

Tras varios intentos y pérdidas, Verónica por fin pudo quedar embarazada. El día que se enteró, lloró de emoción. No podía creer que tendría un bebé.

La noticia, sin embargo, no fue bien recibida por sus compañeros de trabajo y menos de su jefe, un tipo de carácter **insensible**.

-Papá, **rompí fuente** -Dijo Verónica su padre cuando le hizo una llamada para preguntarle algo sobre **plomería**.

-Vale, déjame salir para irte a buscar.

El esposo de Verónica no atendió las llamadas ni los mensajes. Verónica no sabía en dónde estaba, pero su bebé no podía esperar. Nada podía esperar.

Con una panza de nueve meses, llegó sola al hospital. Justo allí, su padre la ayudó a subir las escaleras, mientras su madre sostenía una mochila con ropa y otras cosas que pudiera necesitar durante su **estancia**.

El **parto** fue doloroso, pero rápido. Cuando Verónica salió del **quirófano** para quedarse en la habitación, la recibieron sus padres y su hermana y cuñado. Todos le sonreían y celebraban la llegada del nuevo miembro de la familia. Pero, a pesar de la alegría, no estaba su esposo.

-Perdón por no llegar a tiempo. Tuve un problema en el trabajo.

-Estaba dando a luz a tu hijo.

-Perdón, fue una emergencia.

El esposo de Verónica nada más repetía la última frase y quiso aliviar la situación al querer cargar al bebé.

-Vaya, pero qué guapo es. Se parece mucho a mí, ¿no crees?

Verónica no dijo nada porque la situación le hizo pensar que era seguro que esa situación se repetiría en un futuro no muy lejano. Eso le produjo miedo y preocupación.

Luego de unos meses de licencia de maternidad, Verónica se preparó para regresar al trabajo.

El escenario que encontró no fue alentador. Ya no tenía su puesto y tuvo que encontrar otra oficina para trabajar. Su jefe, además, le delegaba tareas demasiado simples para su preparación como profesional.

Estaba frustrada por el trabajo y por los problemas que estaba presentando con su esposo. Él casi no estaba en casa y no ayudaba a atender al bebé. Verónica trató de entender la situación, pero se hacía complicado.

Solo fue cuestión de tiempo para que se separara de su esposo y la despidieran del trabajo. Una cosa pasó detrás de la otra, así que tuvo que pedirle ayuda a sus padres, al menos para el cuidado de Ramiro que aún era pequeño.

A pesar de la tristeza, Verónica tomó valor y decidió que solucionaría la situación por partes: sus padres se ofrecieron para cuidar a Ramiro las veces que fueran necesarias, lo que le dio tiempo a Verónica para organizar su vida laboral. Luego, tocaría el tema del divorcio.

Con un esfuerzo **titánico**, Verónica ganó un par de trabajos bien pagados por clientes que ya habían trabajado con ella. Tuvo un poco más de seguridad económica de tomar decisiones con libertad.

El divorcio, quizás, fue la parte más complicada. Verónica y su ex, tenían que acordar la **tenencia**, así como la separación de los bienes. Para eso, ella contrató a un abogado para que pudiera ayudarla con eso.

Resuelto ese tema, Verónica logró ubicarse en una casa amplia y cómoda para ella y Ramiro. Ambos pudieron encontrar paz y tranquilidad.

Pasaron los años y Verónica pudo retomar el contacto con sus amistades y prestar ayuda a sus padres y a su hermana. Su familia estaba mejor que nunca.

Ramiro, ya adolescente, estaba cerca de cumplir años. Verónica hizo los preparativos para una fiesta tranquila e íntima y contaba con la colaboración de su ex.

-Necesito que me ayudes un poco con el cumple de Rami.

-Tranquila, algo te mando. Ese día lo buscaré para que pasemos el día juntos.

-Vale, perfecto.

Verónica igual preparó todo para la fiesta y Ramiro estaba emocionado por pasar su cumpleaños con su papá. Pero, al llegar el día, solo hubo excusas.

La fiesta se hizo, fueron los amigos de Ramiro y su familia pequeña. Fue un evento que pasó con tranquilidad, pero también con un poco de tristeza.

Al final de la noche, después que todos se fueron a casa, Verónica miró a su hijo con mucha seriedad:

-¿Cómo te la pasaste, hijo?

-Bien, má. Me hubiera gustado que mi papá viniera.

Se quedaron en silencio, hasta que ella agregó:

-¿Sabes que en esto solo somos tú y yo?

-Sí, má. Lo sé.

Ambos se abrazaron y encontraron un poco de apoyo el uno y el otro. No estaban solos después de todo.

Glosario:

A diferencia: unlike.

Debilitada/debilitado: weakened.

Encinta: pregnant.

Entorno: environment.

Estancia: stay.

Graduarse: graduate.

Insensible: heartless.

Parto: birth.

Plomería: plumbing.

Quirófano: operating room.

Rompí fuente/ romper fuente: wáter breaking.

Tenencia: custody.

Titánico: gigantic.

Preguntas:

1. ¿A qué se dedicaba Verónica?:

-Traductora y escritora.

-Traductora y oradora.

-Traductora e intérprete.

(Opción 3)

. . .

2. ¿Cómo se llama el hijo de Verónica?

   -Ramiro.

   -Rafael.

   -Rodrigo.

   (Opción 3)

3. Explique la relación entre Ramiro y su padre.

Chapter 2

Un rescate desde el corazón

Summary:

Daniela lost her parents a year apart. Now, she lives alone and is in the process of getting her life back. But, in the middle of all this, she meets Forest, a dog with a serious injury to his hind legs that gives her a little hope.

Daniela estaba sentada en la cama de la habitación que fue de sus padres. Era un día soleado de otoño, brillante y fresco. En un momento **cualquiera**, ella hubiera aprovechado para tomar su abrigo y salir a caminar, pero justo ese día, no quería. Su padre acababa de fallecer.

Ramiro, su padre, fue un abogado de los más brillantes de la ciudad. De lengua **afilada** y mente ágil, admirado por sus compañeros. Era un hombre responsable y dedicado. Para

Daniela, sin embargo, era un padre amoroso y su mejor amigo.

Al volver a casa de sus padres, tuvo que lidiar con una madre con un **cáncer terminal** y un padre con un estado avanzado de Alzheimer. Se acababa de divorciar, estaba sola y sus hermanos no querían ocuparse de ellos porque estaban "ocupados".

La **convivencia** no fue nada fácil. Tener que lidiar con dos personas enfermas era agotador, pero Daniela siempre fue cercana a ellos y **procuró** hacer lo mejor posible para cuidarlos.

-Sé que te estamos preocupando demasiado, pero quiero agradecerte de que estés con nosotros. No hubiera podido estar sola.

La madre de Daniela sabía perfectamente bien el trabajo que su hija asumió, así que trataba de ayudarla en la medida de lo posible.

Un día, Daniela fue a buscar a su madre para que pudieran desayunar todos juntos, pero la **calamidad** le cayó encima porque ella estaba fría como un **témpano**. Llamó a una ambulancia y la declararon muerta en el lugar.

Daniela se encargó de todo, fue como una máquina. Contactó a sus hermanos y a la **funeraria**, y algunos familiares para que supieran de la noticia. Todo pasó tan rápido, que no tuvo ni un momento de paz para **procesar** todo lo que estaba pasando. Además, tenía que ocuparse de su padre.

Después de unos meses, solo eran ellos dos. Daniela se levantaba temprano y se ocupaba de limpiar la casa y tener todo listo para cuando su padre despertara. La rutina iba bien, hasta que Ramiro comenzó a escaparse.

En una de esas veces, Daniela recibió una llamada de una estación de policía. Su padre estaba allí luego de haber tomado el metro y un par de autobuses. Ella no lo podía creer.

Esa situación fue suficiente para que sus hermanos decidieron internarlo en un **geriátrico**. No fue la mejor opción para ella, pero tuvo que ceder al final.

Daniela iba tres veces por semana porque era la cantidad de veces que podía ir. Pedía permiso en el trabajo y se preparaba para tomar un autobús a las afueras de la ciudad. Llegaba al geriátrico, llevaba galletas para los que trabajaban allí y luego se iba a la habitación de su padre para verlo y charlar un rato.

Para ella, la enfermedad era muy cruel porque poco a poco podía ver cómo **arrastraba** a su padre hacia lagunas más profundas, en donde era incapaz de recordar algo. Muy pocas veces estaba **lúcido** y eso le rompía el corazón.

Era de noche cuando despertó de golpe. Una sensación que le oprimió el pecho y la obligó a levantarse de la cama. Algo malo pasó. Poco después, recibió la llamada de Sofía, una de las enfermeras amiga de ella y que trabajaba en el geriátrico:

-Dani, disculpa que te llame a esta hora, pero tengo que decirte esto... A ver, tu padre **falleció** hace unos minutos.

¿Quieres que te enviemos un coche para que te pase a buscar?

Daniela no lo pensó dos veces. Apenas **colgó**, se cambió de ropa y esperó a que pasaran por su casa. Tras un rato, pudo ver a su padre quien, para su alivio, murió dormido y con una expresión de tranquilidad. Eso la hizo sentir mejor.

Luego de atravesar, de nuevo, por esos asuntos burocráticos, Daniela se quedó sola en esa casa inmensa. Los únicos compañeros eran sus pensamientos.

Los días pasaban y aún no sabía bien qué hacer. El trabajo la ayudaba a distraerse, pero no era suficiente, no tenía ganas de tomar vacaciones y la idea de dormir todo el día no le gustaba. Era una mujer activa.

Luego de una lluvia **torrencial**, Daniela tomó su abrigo y sus botas para caminar. Trazó su ruta en la mente y **emprendió una pequeña exploración**.

Mientras lo hacía, escuchó un **llanto** a lo lejos y se acercó a la fuente de ese ruido. Lo hizo con mucho cuidado y cuando llegó, pudo ver de qué se trataba: era un **cachorro** acostado en el césped, **acurrucado** como una bola de pelos.

Daniela se acercó y lo tomó entre sus manos, justo allí el perrito dejó de llorar y ella comenzó a acariciarlo con cuidado.

-Tranquilo, tranquilo. No te preocupes, vas a estar bien. No llores más.

Lo llevó a casa, lo bañó y le dio un poco de **carne**

picada que tenía guardada de un almuerzo cualquiera. El cachorro estaba más tranquilo y lo dejó dormir en un pequeño colchón. Lo miró durante todo ese rato. Estaba conmovida.

-Verá, es un cachorro sano y se ve que lo cuidó bien, pero me temo que tiene una lesión grave en las patas, incluso en la columna vertebral. No podrá caminar.

-Está bien. Le daré la mejor calidad de vida que pueda.

Regresaron juntos a casa. Forest ladraba de alegría y ella sentía que lo quería cada vez más. Entonces, fiel a su compromiso con él, comenzó a hacer lo posible para que su nuevo amigo estuviera cómodo.

Siempre se lo llevaba a todas partes y cuando empezó a crecer, contactó a un equipo de chicos que hacían carritos para perros **discapacitados**. Ellos le hicieron uno a Forest que era un lujo, solo porque se enamoraron de él tanto como ella.

Daniela no cabía de la emoción cuando lo veía jugar por el jardín con ese pequeño carrito. Mientras lo hacía, ella lo veía desde la distancia. No podía creer que justo él llegó a su vida cuando se sentía más perdida que nunca.

-Gracias por salvarme la vida, Forest. Gracias.

Los dos se quedaron juntos esa tarde y para siempre.

Glosario:

Acurrucado: snuggled up.

Afilada: sharp.

Arrastrar/arrastraba: drag.

Cachorro: puppy.

Cáncer terminar: terminal cancer.

Carne picada: minced meat.

Calamidad: calamity.

Colgó: hung up.

Convivencia: coexistence.

Cualquiera: whichever.

Discapacitados: disabled.

Falleció: died.

Funeraria: mortuary.

Geriátrico: geriatric.

Lúcido: lucid.

Llanto: crying.

Procesar: process.

Procuró/procurar: tried.

Recuperar: recover.

Témpano: iceberg.

Torrencial: pouring.

Preguntas:

1. ¿Qué enfermedad tenía el padre de Daniela?:

-Covid-19.

-Cáncer terminal.

-Alzheimer.

(Opción 3)

2. ¿Daniela recibió apoyo por parte de sus hermanos? Explique.

3. ¿Qué animal rescató Daniela?:

-Un gato.

-Un perro.

-Ninguno.

(Opción 2)

Chapter 3

Un salto de fe

Summary:

Adriana was a publicist who always worked in the best agencies since she graduated, but she got to the point where she realized that she didn't want to continue that way anymore and she was ready to become freelance.

-Me gradué con muchas **expectativas**. O sea, me gusta lo que hago, amo la **Publicidad**, pero siento que estoy llegando a un punto en el que quiero hacer otras cosas. –dijo Adriana a su **amigo de la infancia**, Raúl.

-Pues, ¿qué te gustaría hacer?

-Mmm, a ver. Quiero seguir haciendo lo mismo, pero ya no me gustaría trabajar así. No quiero ir más a una oficina a **quemarme** el cerebro. Quiero algo más.

Adriana se quedó en silencio porque no supo bien cómo expresar la idea que tenía en mente, pero más bien era una sensación que tenía en el corazón. Desde hacía tiempo ya no experimentaba ese mismo entusiasmo de ir a la oficina.

Al terminar sus estudios en Publicidad en una de las mejores universidades del país, Adriana estaba lista para poner en práctica todos esos **conocimientos** frescos. Quería hacer de todo, pero no podía negar que tenía cierta debilidad por ser **redactora creativa**. Tenía una naturaleza divertida y eso se traducía en la forma en cómo hablaba y escribía.

Logró un puesto en una agencia pequeña por **recomendación** de uno de sus profesores. Estaba emocionada por comenzar.

Al principio, se ocupó de estudiar y poner en práctica su preparación tanto como pudo, había cosas que le costaban, pero con el paso del tiempo, se hizo más **consciente** de sus **habilidades**. Entonces, se enfocó en estudiar cursos y **talleres** con los mejores.

A diferencia de muchos chicos de su edad, Adriana no iba a las discotecas o fiestas, ese mundo no le llamaba la más mínima atención. Más bien quería ser la mejor y se obsesionó con esa idea. Cualquier cosa que pudiera estudiar, lo tomaba y se entregaba a ello.

Como fue de esperarse, con el tiempo, esa agencia le

quedó pequeña y Adriana buscó trabajar en lugares más grandes y con mejores clientes.

Encontró trabajo como **redactora junior** en una agencia. Notó de inmediato que el ambiente era completamente diferente. Había cierta disposición a los juegos porque estos, según, ayudaban a **potenciar** la **creatividad**.

Entonces, Adriana pasaba largas horas en la oficina y la idea de vacaciones estaba lejos de contemplarla. No había tiempo que perder.

El gran salto de su carrera lo hizo cuando se postuló para el puesto de jefa de redactores creativos. De hecho, era la más joven de los **candidatos**, pero no le importó. Quería hacer el intento para no arrepentirse de no haberlo hecho.

-¡Sí, mamá! Que te he dicho que logré el puesto. Estoy... Estoy tan emocionada. He trabajado tanto para esto.

Esas fueron las palabras de celebración de Adriana. Después de la noticia, se regaló una noche de fiesta. La única que tuvo en muchos años y, claro, bien merecida.

Adriana era una chica **imparable**. No solo era conocida en su propio departamento, sino también en toda la empresa. Ya todos sabían que ella era una chica con chispa, graciosa y muy rápida. Tenía muchas y buenas ideas listas para lo que se necesitará.

Sin embargo, en un viaje de regreso a casa tras una larga reunión con un cliente, Adriana sintió que las cosas ya no le resultaban emocionantes. Lo que siempre quiso hacer desde niña, ahora pasó a ser una rutina **odiosa**.

Al principio, pensó que solo era mal humor, pero se volvió en una constante. Estaba más cansada de lo habitual y le estaba costando levantarse de la cama para ir a trabajar.

-Bueno, es probable que solo tenga que pedir unas vacaciones. No he parado en ningún momento, ni sé qué es descansar.

Pensó Adriana, así que no tardó mucho en hacerlo y así tomarse unos cortos días. Un poco de descanso bastaría para que fuera la misma de siempre... O al menos eso pensó.

Regresó a su vida, a la rutina y esa sensación **fastidiosa** de querer hacer otra cosa. No sabía exactamente qué hacer, pero confirmó que no eran ideas suyas, sino algo que necesitaba hacer.

Tras analizarlo, encontró la solución: seguía amando la Publicidad, pero ya no quería pasar el resto de su vida sentándose en una silla para darle sus ideas a otros. Estaba claro que era muy buena en lo que hacía, entonces, ¿por qué no hacer todo ese esfuerzo para sí misma?

La idea de renunciar a su trabajo y dejar todos esos logros, no fue del agrado de muchos de sus amigos, menos de su familia. Recibió cualquier cantidad de comentarios, pero era ya una decisión tomada. No hubo marcha atrás.

Escribió su carta de renuncia un lunes y la entregó el viernes. Sus compañeros y **subordinados** se impresionaron. A pesar de que estaba segura que estaba haciendo lo mejor para ella, no pudo evitar sentir un poco de tristeza. Estaba dejando atrás una etapa muy importante de su vida.

Comenzar como **trabajador independiente** no fue fácil. Adriana tuvo que ajustar sus horarios para ser productiva, ahora trabajaba para ella misma, por lo que tenía que ser el doble de exigente.

Armar una rutina para ese estilo de vida, también fue una experiencia nueva: levantarse temprano, armar una planificación y ajustarse a ella. Desayunar bien, preparar el café, tener el escritorio limpio y ordenado y ponerse manos a la obra. Cada acción era importante.

A pesar de uno que otro **traspiés**, Adriana encontró lo que tanto buscaba: buenos clientes que sabían de su gran talento y la libertad de manejar sus tiempos. Incluso, se animó a probar otras cosas que no pudo hacer antes por su horario demandante. Ahora ella era la responsable de ello, con todo lo que implicaba.

Adriana tuvo miedo sobre las consecuencias que pudiera tener un estilo de vida como ese, pero lo cierto era que cada día lo sentía como una nueva oportunidad para aprender y mejorar. No le trabajaba a alguien más, era para sí misma y eso era el verdadero significado del éxito para ella. Un salto de fe que valió la pena.

Glosario:

Autónoma: freelance.

Candidato: candidate.

Conocimientos: knowledge.

Consciente: aware.

Convertirse: become.

Creatividad: creativity.

Expectativa: expectation.

Fastidiosa: annoying.

Habilidades: abilities.

Imparable: unstoppable.

Junior: novice.

Odiosa: hateful.

Potenciar: upgrade.

Publicidad: advertising.

Recomendación: recommendation.

Redactora junior: novice copywriter.

Redactora creativa: copywriter.

Subordinados: subordinates.

Talleres: workshops.

Trabajador independiente: self-employed.

Traspiés: stumbles.

Preguntas:

1. ¿De qué se graduó Adriana?:

-Mercadeo.

-Medicina.

-Publicidad.

(Opción 3)

2. Adriana se especializaba como:

-Redactora creativa.

-Redactora de cuentos.

-Redactora de canciones.

(Opción 1)

3. ¿La decisión de Adriana recibió apoyo por parte de sus familiares y amigos? Explique.

Chapter 4

Una reunión el domingo

Summary:

Pedro has lived in Argentina for a short time, so he is in a process of adaptation and learning in his new country. While he does so, he is presented with the opportunity to live one of the most interesting culinary and cultural experiences: attending a barbecue.

Pedro se mudó a la Ciudad de Buenos Aires por trabajo solo unos meses. Sin embargo, se sintió **fascinado** por el país, así que tomó la decisión de quedarse de manera **permanente**.

Al principio, se limitó a todo lo relacionado con el trabajo, no tenía demasiados amigos y no tuvo demasiada oportunidad en conocer los mayores atractivos turísticos de la ciudad. Tras terminar los preparativos de su residencia, decidió que ya era momento de probar con cosas nuevas y emocionantes.

-Me gustaría hacer cosas típicas de acá. Quiero conocer un poco la cultura argentina -dijo Pedro a Diego, un compañero de trabajo.

-Mmm, vale, ¿y qué tienes pensado hacer?

-Pues, nada de esas cosas preparadas para los turistas. Deseo entender cómo se relacionan, de qué hablan, esos aspectos más íntimos.

-Creo que sé a lo que te refieres. Bueno, este domingo haré un **asado** en casa de mis padres. ¿**Te apuntas**?

Esa invitación hizo que le brillaran los ojos a Pedro.

-¡Y sí! Claro que sí.

-¡Genial! Ya luego te comentaré los detalles.

A medida que se aproximaba la fecha, Pedro estaba muy emocionado. Estaba cerca de experimentar uno de los eventos sociales más importantes para los argentinos. El asado, en realidad, no era un asunto tan simple.

Llegó el gran día y Diego le pasó la dirección para que pudiese llegar. Antes de ir, Pedro pasó por una **confitería** para comprar algunas facturas para el postre. Ir con las manos vacías no era una opción para él.

El recorrido le pareció tranquilo porque era domingo cerca del mediodía. No había tráfico y la gente caminaba por la calle con más tranquilidad de lo habitual. En ese momento, Pedro aprovechó para admirar las calles, **avenidas** y los edificios de estilo europeo.

Finalmente, tras **una hora y pico**, llegó a una gran casa de color rojo oscuro y **enrejado** negro. Tocó el timbre y un perro grande lo recibió con ladridos y moviendo la cola. Pocos después, salió Diego.

-¡Hola, Pedro! ¡Bienvenido!

-Hola, Diego. Mira, traje facturas.

-No te hubieras molestado... Pero entrá, estamos todos en el patio.

Pedro siguió a Diego por un largo pasillo con plantas y flores que colgaban de los techos y paredes. El día estaba brillante y despejado, así que todo se veía más lindo aún.

Llegaron al patio y ahí estaba un grupo de gente reunida en una larga mesa de madera. Más allá, **el asador**, el padre de Diego, que cocinaba la carne con mucha atención y cuidado.

Diego se adelantó y presentó a Pedro con el resto de los invitados: su madre, su hermana con su esposo y sus hijos, un amigo de la infancia de Diego que vivía a pocas calles y un par de vecinos que también se unieron a la reunión.

Pedro estaba contento por conocer a gente nueva, así que aprovechó para conocerlos a todos y hablar con cada uno.

-¿Cómo vas, Pedro? ¿Cómo te vas sintiendo?

-Pues, estupendo. Me encanta estar aquí. Todos son muy amables.

-¡Estupendo! Pero, ya que estamos un poco más tranquilos, te voy a explicar la importancia del asado y las cosas que solemos hacer cuando nos reunimos a hacer uno.

Pedro se acomodó en el banco de madera y puso toda la atención posible, no quería perderse ningún detalle.

-El asado, como habrás notado, es más que comer. Por ejemplo, mi padre se levantó bien temprano para preparar el carbón para el fuego. Él lo hace desde cero porque siempre lo ha hecho así, por eso es un tema importante porque un buen fuego asegura un asado exitoso.

Eso es una parte, la otra tiene que ver con otros **preparativos** como las bebidas y lo que se puede comer mientras está listo todo. Por ejemplo, esto que ves aquí, se llama picada. Ponés una tabla con queso, **embutidos**, frutos secos si querés, pepinillos y aceitunas también se incluyen.

-¿Y para los niños? ¿Se hace algo especial?

-Pues, para ellos se les hacen hamburguesas. Ahí, donde ves a mi papá, ya puso unas cuantas piezas para los chicos.

Diego hizo una pausa porque estaba tratando de recordar todos los detalles.

-¡Ah! También se acompaña con una ensalada, pero siempre es una de las más sencillas: lechuga, tomate y cebolla. Frutas frescas es otra opción, pero no es tan frecuente. Por cierto, te recomiendo que no comas mucho. Dentro de poco, el asador comenzará a traer la carne porque ya puedo oler que lo rico viene por ahí.

Minutos después, el padre de Diego preparó la mesa para que los diferentes cortes de carne pudieran lucirse entre los invitados. Luego, todos comenzaron a aplaudir porque era la señal de que ya estaba por comenzar la hora de la comida.

La tarde pasó entre platos, risas de niños jugando, conversaciones y choques de vasos de **vino tinto**. Pedro estaba impresionado porque el asado se había extendido hasta la noche y no se dio cuenta sino hasta que notó cómo el sol comenzó a **ocultarse**.

También se tomó el tiempo para ver a la gente que estaba con él. Les parecía personas agradables y dulces, preocupadas porque él estuviera bien. Se sentía como en su casa.

-Ahora vamos a probar estas delicias que nos trajo Pedro. Ya puedo oler esa crema pastelera y muero por comer.

Dijo la madre de Diego con una bandeja entre sus manos. En esta, estaban acomodadas todas las facturas para que cada quien pudiese tomar alguna mientras bebían un poco de café.

El asado se **extendió** hasta entrada la noche y como era un poco tarde, Diego se ofreció a llevarlo a la estación para que llegase a tiempo.

-Diego, muchas gracias por tu invitación. La he pasado increíble.

-Gracias a ti por venir. Cuando hagamos otro asado, te invito seguro.

Tras despedirse, Pedro se sentó a esperar el tren. Tenía el corazón lleno de felicidad y moría por vivir más cosas así.

Glosario:

Asado: barbecue.

Confitería: pastry shop.
Edificaciones/edificación: buildings.
El asador: griller.
Enrejado: lattice.
Embutidos: sausages.
Extendió/extender: to extende, spread.
Facturas/factura: pastry, sweets.
Fascinante: fascinating.
Hora y pico: hour and a little more.
Permanente: permanent.
Preparativo: preparative.
Vino tinto: red wine.

Preguntas:

1. ¿Por qué Pedro se mudó inicialmente a Buenos Aires?

2. ¿Qué llevó Pedro para el asado?:
   -Carne.
   -Pollo.
   -Facturas.
   (Opción 3)

3. ¿A qué hora terminó el asado?:

-A la mañana siguiente.

-Temprano en la tarde.

-En la noche.

(Opción 3)

Chapter 5

El momento del chipá

Summary:

Gigi is a true lover of cooking. In fact, she has an incredible hobby that consists of trying typical recipes from different countries, and then adapting them to her own taste. On this occasion, she found the recipe for chipá, a preparation of Paraguayan origin that immediately caught her attention.

Si había algo de lo que Gigi estuviera realmente orgullosa, era de su amplia biblioteca. En ella, no sólo tenía libros de ficción, sino una colección de **recetarios** de todas partes del mundo. Cocina marroquí, mexicana, peruana, asiática... Incluso diccionarios y ediciones con preparaciones complicadas de la Edad Media.

Al hacer un poco de memoria, recordó que ese gusto por

la cocina nació cuando era una niña, sobre todo cuando visitaba a su abuela en el campo. Las dos se sentaban a la mesa para ver qué podían cocinar juntas y luego ponerse manos a la obra. En su memoria estaban los aromas de los guisos en invierno y de las vinagretas para las ensaladas frescas en verano.

Esa época de su vida fue muy importante, marcándole para siempre. Por ello, se le hizo natural experimentar durante su crecimiento. Incluso, su madre la dejó preparar comidas para toda la familia. Gigi era la estrella de los **fogones**.

Pero, con el tiempo, Gigi sintió la necesidad de ir un poco más allá. Tenía una curiosidad tremenda por probar con nuevos sabores, sobre todo aquellos que le parecieran exóticos. Fue entonces que comenzó a usar más las especias y productos como el tofu, maracuyá y mandioca.

Para sus amigos, la cocina de Gigi era un **festín**. Las cenas que preparaba en ocasiones especiales eran los mejores eventos del año. No había comparación.

Sin embargo, a pesar de que sabía que tenía un mundo de sabores y recetas que explorar, Gigi se encontró con un **bloqueo creativo**. Ya no interesaba pasar horas en la cocina y eso comenzó a preocuparle.

Pensaba en cuál sería la mejor solución para ese problema y se le ocurrió una idea brillante: ir al mercado central y ver qué de interesante podría encontrar. Suspiró un poco con la idea de reencontrarse con otro de sus lugares amados desde la infancia.

Se despertó un domingo gracias al canto de los pájaros en la mañana. Abrió los ojos y sonrió, ese sería el día perfecto para una visita al mercado y ver qué podía encontrar. Se levantó de la cama y saltó para tomar una ducha.

Luego de prepararse, tomó un par de bolsas de compras en caso de que lo necesitara. Ese día prometía ser de lo más interesante.

Tomó un autobús y se acomodó en uno de los asientos porque sabía que existía una distancia considerable, así que tomó un libro y comenzó a disfrutar del viaje.

Tras un poco más de una hora, llegó a su destino. Como era natural, recibió un **tumulto** de personas que iban hacia todas las direcciones. Se escuchaban pedidos, veía pasear grandes cestas con frutas y vegetales frescos, niños corriendo y abuelos con sus carritos de compra. Sí, fue un buen domingo.

Pero el objetivo de Gigi no era comprar, sino probar. Se **enfiló** hacia los locales pequeños de panadería, algo le dijo que por allí debía comenzar. Se paseó por varios establecimientos y hubo un aroma que le llamó la atención. No lo supo identificar de inmediato, así que siguió su rastro.

Al llegar, se encontró con una gran cesta de mimbre con lo que parecía unos pequeños panes de color dorado y con un aroma a queso que le despertó el apetito.

-Disculpe –se animó a decir Gigi a la vendedora- ¿Qué es esto que huele tan delicioso?

-Es chipá. Están recién salidos del horno. ¿Quieres probar uno?

A Gigi se le iluminaron los ojos y apenas sintió ese pequeño pan en su mano, sintió esa emoción que creyó perdida.

El primer bocado fue la gloria misma y el segundo, y el tercero. Al final, se llevó unos 10 a casa, aunque terminó devorándoselos en el autobús.

Luego de un par de días, Gigi se dedicó a investigar sobre el chipá y encontró algunos datos interesantes. Por ejemplo, el chipá es un pan que elaboraban los **aborígenes** en Paraguay. Es, además, un preparado **ancestral** que se volvió popular en Brasil y Argentina, aunque estaba ganando adeptos en el resto del mundo.

La receta que encontró más interesante fue aquella en la que consistía en la elaboración de una masa de mandioca, huevo y mucho queso. Decidió que no quería esperar más tiempo y que compraría todo lo que fuera necesario para ponerse a cocinar.

Al tenerlo todo dispuesto ordenadamente sobre la mesa, como le enseñó su abuela, sonrió para sí misma. La cocina la hacía sentir viva y con energía.

Precalentó el horno según la temperatura indicada y puso a hervir una olla con agua, leche y aceite. Al encontrar el punto de ebullición, echó el resto de los ingredientes y mezcló un **batidor de globo**. Usó toda la fuerza de sus brazos.

Miraba la consistencia, el color y las texturas. A veces se sentía preocupada, pero luego leía la receta y suspiraba de alivio. Sin embargo, Gigi sabía que la prueba de fuego vendría en el horno.

-Bueno, a ver cómo queda todo esto.

Se dijo mientras metía la bandeja en el horno. Cuando cerró la puerta, se percató que su **delantal** estaba todo manchado de comida. Sonrió y suspiró porque todo el trabajo ya había terminado.

Poco a poco, la casa quedó **impregnada** de ese aroma a queso y pan. Gigi sentía que la panza le crujía y solo soñaba con probar uno de esos chipás y untarlo con un poco de mantequilla.

Sonó la alarma y sintió un frío en la boca del estómago, era la **ansiedad** que le decía que ya era momento de abrir el horno y ver el resultado final. Cruzaba los dedos.

Al abrir, un vapor salió y pudo ver esos **pancitos** redondos, de un hermoso color dorado uniforme y con ese aspecto de nube **esponjosa**.

Sacó la bandeja y esperó unos minutos, lo suficiente como para que se enfriaran un poco. Cuando ya no aguantó más, dio su primer bocado y sonrió. El sabor era increíble, tanto, que no lo podía creer.

Entre deliciosos bocados, Gigi anotó la receta en un

cuadernito que tenía con apuntes de sus preparaciones. Mientras afincaba el **boli**, no dejaba de pensar en su abuela y en la alegría de volver a cocinar.

Glosario:

Aborígenes/aborigen: indigene.

Ancestral: ancestral, denote an ancestor or ancestors.

Ansiedad: anxiety.

Batidor de globo: globe beater.

Bloqueo creativo: creative blockage.

Boli: pen.

Delantal: apron.

Enfiló/enfilar: line up.

Esponjosa/esponjoso: spongy.

Festín: feast.

Fogones/fogón: stove.

Impregnada: impregnated.

Pancitos: little buns.

Recetarios/recetario: cook book.

Tumulto: tumult, a large amount of people.

Preguntas:

1. ¿Qué tipo de preparación hizo Gigi en la cocina?:

-Pan brioche.

-Un pastel de cumpleaños.

-Chipá.

(Opción 3)

2. Según lo leído, expliqué qué es el chipá.

3. Gigi sintió curiosidad de cocinar gracias a:

-Sus padres.

-Su gato.

-Su abuela.

(Opción 3)

Chapter 6

La compañía

Summary:

Ana grew up in a home with loving parents, but absent because of those long hours of work. Consequently, she spent much of her time alone. However, the kitchen managed to fill that gap in her, to the point of helping her become a renowned chef.

Pasar largas horas en la casa, sola y sin amigos o sus padres, no era el plan ideal para un niño. Pues, esa fue la infancia de Ana, una nena que tuvo que enfrentarse a esa realidad desde muy pequeña.

El dinero **escaseaba**, por lo que era necesario salir a trabajar. Las deudas eran muchas y la **angustia** también, sobre todo porque dejar sola a una niña tan pequeña, podía ser un verdadero peligro. Ana no tardaría en aprender que tenía que valerse por sí misma.

-Mi amor, te dejamos el desayuno preparado, el almuerzo y una merienda. Tu papá vendrá lo más rápido posible para cuidarte, ¿vale?

Le dijo su madre muy temprano en la mañana. Ana, todavía con mucho sueño, apenas **asintió** como a modo de que pudo entender lo que le acababan de decir.

Con el paso del tiempo, Ana desarrolló una rutina bastante efectiva: se levantaba media hora después de que sus padres salieran a trabajar, se tomaba una ducha, se vestía y luego iba a la cocina para desayunar y pasar el resto del día leyendo o viendo películas.

Sus padres se encargaban de que tuviera todo a la mano, pero no contaban con que Ana era inquieta y que **tarde o temprano** se animaría a probar con algo diferente a lo que ya estaba acostumbrada.

Uno de esos tantos días de soledad, Ana descubrió un pequeño libro de recetas que descansaba en la **mesita de café** de la sala. Le pareció curioso porque tenía un montón de colores, **arabescos**, rayas y formas geométricas.

Lo tomó y leyó con pausa:

-"La gran cocina de Marrue-Marruecos... Especial de salsas". Mmm.

El libro por sí mismo le pareció una intriga, pero apenas abrió sus páginas, se tomó el tiempo de detallar el contenido.

Encontró nombres muy raros e impronunciables, entendió que las listas eran los ingredientes para las preparaciones y las instrucciones consistían en el paso a paso para lograr un resultado final.

Su primera prueba fue una ensalada fresca de atún, **cebolla** y tomates. Todo lo encontró en casa y lo hizo con mucho cuidado. Al final, comparó la foto del libro con su plato y se sintió feliz. Fue la primera vez que se sintió conforme con algo.

Tomó por costumbre el dejar el almuerzo hecho por su madre, para seguir con sus experimentos. El **recetario** marroquí fue un primer paso, así que fue cuestión de tiempo para que buscara más. Todo era permitido, no había límites.

Fue creciendo y con ello, el ímpetu de seguir haciendo cosas nuevas. Seguía pasando mucho tiempo en casa, pero ya tenía un poco más de libertad. De hecho, durante la secundaria, encontró un trabajo de medio tiempo en un café. Allí fue su primera experiencia en el mundo de la gastronomía.

Ese trabajo también le permitió ganar un poco de dinero que tomó para con sus recetas. Un poco de cordero, **tomillo**, **ajo confitado**, aceite de oliva, sal rosada y pimienta negra. Todo al horno por un par de horas. El resultado final: una cena increíble.

Sus padres notaron una pasión que Ana trató de ocultar. Ellos, durante todos esos años de ausencia, ahorraron suficiente dinero para pagarle la mejor educación universitaria.

-Quiero estudiar en una academia de cocina. Miré y

puedo pedir una beca para comenzar a estudiar lo más pronto posible. Miren.

Ana les mostró un **folleto** de un instituto culinario de **renombre** en el país. La decisión fue obvia, ella iría y así comenzaría su carrera como chef.

Estudiar formalmente era un reto, sobre todo porque ella tendría que enfrentarse a **tecnicismos** y formalidades de las mejores cocinas del mundo. Sin embargo, Ana era una chica que sentía un amor profundo por la cocina, sobre todo porque en los momentos más oscuros y de mucha soledad, cocinar se convirtió en una compañía fiel. Con ella, pudo explorar su creatividad y sus habilidades.

Los primeros semestres fueron **agotadores**. Tuvo que estudiar mucho y ejecutar las técnicas a la perfección. Por si fuera poco, también tuvo que hacer frente a un mundo dominado por hombres, así que abrirse paso fue todo un reto.

Sin embargo, en los momentos de mayor angustia, en los que sentía que no era capaz, revisaba su pequeño cuaderno de apuntes. Lo guardaba porque fue el primer ejemplar en él plasmó recetas y experiencias. Veía sus dibujos y las instrucciones de cada preparación de manera detallada. Este era el camino que tenía que seguir.

Su prueba final fue la preparación de un **guiso** típico de la cocina francesa: el cassoulet o **cazoleta**. La lista de ingredientes de la preparación era casi infinita y ni hablar de los

tiempos de cocción. Una falla mínima podría resultar en un **menjurje** desagradable.

Ana se empeñó en hacerlo y practicó, y también se frustró. Pero cuando presentó ese pequeño tarrito de barro a los jurados, se sintió más orgullosa que nunca. Todo el sacrificio valió la pena.

El cassoulet de Ana fue un éxito rotundo, al punto de que uno de sus profesores la contrató para comenzar a trabajar como chef en uno de sus restaurantes. La noticia hizo que sus padres se emocionaran hasta las lágrimas.

Ana viajó, conoció a grandes personalidades y trabajó en los mejores restaurantes, hasta que se animó a abrir el suyo. Se prometió que cada platillo sería un reflejo de su historia, la comida estaría hecha con profundo amor, además.

Uno de esos días, mientras leía una reseña de su ya famoso cassoulet, Ana estaba en las puertas de su restaurante, tomando un café y disfrutando de esos minutos de paz antes de que llegaran el resto de sus cocineros y **personal**.

Las calles estaban frías, con pocas personas caminando porque aún era muy temprano, pero ella sentía ese calor de la emoción de trabajar en lo que siempre amó. Cocinar no solo fue su compañía, sino una **vocación** que la hacía sentir viva.

Glosario:

Agotadores: exhausting.

Ajo confitado: garlic confit. Food coocked slowly in fat.

Angustia: anguish.

Arabescos/arabesco: arabesque.

Cazoleta: in this context: cassoulet, is a rich and slow-coocked casserole from southern France.

Cebolla: onion.

Escaseaba: was scarce.

Folleto: brochure.

Guiso: stew.

Menjurje: concoction.

Mesita de café: coffee table.

Personal: personal.

Recetario: cook book.

Renombre: renown.

Tarde o temprano: son or later.

Tecnicismos: technicalities.

Tiempos de cocción: cooking times.

Tomillo: thyme.

Vocación: calling.

Preguntas:

1. ¿Por qué Ana comenzó a cocinar?:

-Porque casi siempre estaba sola en casa.

-Porque su mamá le enseñó a cocinar.

-Porque comenzó a estudiar en una academia de cocina.

(Opción 1)

. . .

2. ¿Cuál fue el plato que hizo Ana para su evaluación final?:

-Paella.

-Ñoquis de papa.

-Cassoulet.

(Opción 3)

3. ¿Qué es cassoulet?:

-Un plato de origen francés.

-Cordero al horno con verduras.

-Una especie de caldo.

(Opción 1)

Chapter 7

A primera vista

Summary:

Leo is a frequent user of public transport and that is part of his routine. However, on any given day, he gets a crush on a girl. He was impressed, but could not approach her to ask for her number, so he decided to start his search on social networks.

Sonó el **despertador** y Leo abrió los ojos. Eran las seis en punto de la mañana y todavía estaba muy oscuro y frío. Él se hundió un poco más en la cama porque tenía un poco de **pereza**. ¿Y si faltaba al trabajo? No pasaría nada malo, tampoco lo extrañaría.

Pero el deber pudo más, así que esperó apenas unos cinco

minutos para levantarse como siempre lo hacía. Terminó por **resignarse**.

La misma ducha caliente de siempre, el café para espabilarse y el pan tostado con mantequilla y mermelada de duraznos. Guardar el almuerzo de ese día y tomar el abrigo porque hacía viento. Todo, como siempre.

Llegaba a la parada justo a la misma hora y esperaba. Después de algunos minutos, miraba cómo se formaba una pequeña fila. Eran las mismas personas de todos los días. Incluso, saludó a un par, a pesar que no sabían sus nombres. Eran ya como amigos.

Se subió al autobús y pagó con una pequeña tarjeta. Se sentó en uno de los asientos que se encontraban en la parte de la mitad. Tenía esa costumbre porque así podía salir sin problemas. Odiaba cómo se acumulaba la gente en las puertas y al sentarse allí, tenía todo **cubierto**.

Estaba cerca de llegar, Leo se sentía **fastidiado**. Ya podía escuchar las quejas de sus compañeros de trabajo y los reclamos de su jefa, además del almuerzo frío y las ganas de regresar a casa. Pero, en una **fracción** de segundo, justo cuando la luz del sol iluminaba el interior del autobús, la miró a ella.

Era una chica de cabello corto, negro. Ojos grandes y labios gruesos, vestía de colores, como si fuera un **arcoíris** y le sonreía al conductor de lo más dulce. Leo quedó prendado a primera vista.

-Gracias... -solo pudo escuchar porque el autobús estaba lleno de gente.

Leo rezó para que ella se pusiera cerca de él para tener una excusa de decirle algo, cederle el asiento, algo que lo ayudará a conocerla más. Pero no fue así, la desconocida dio a parar al fondo y la **perdió de vista**.

De vez en cuando, giraba la cabeza para confirmar que estuviera allí. Cada vez que lo hacía, suspiraba un poco porque la encontraba encantadora. De hecho, se quedó embobado, mirando cómo ella le sonreía al móvil.

Deseó con todas sus fuerzas tener la valentía para decirle algo, pero se quedó **mudo**, pegado al asiento hasta que tuvo que bajar. Solo en ese instante, justo tras cerrarse las puertas, **intercambiaron** miradas y ella volvió a sonreír.

Ese momento bastó para que Leo pasara el resto del día feliz. La mirada dulce y la sonrisa, sobre todo eso, valió tanto la pena que trabajó de buen humor. Algo que casi nunca pasaba.

Sin embargo, a pesar de ese **envión** de alegría, recordó que no tenía la más mínima información sobre ella. Ninguna, así que pensó cómo podía **contactarla** para conocerla un poco más. Una sola oportunidad quería. Nada más.

-Bueno, puede ser que siga con esto de verla en el autobús. Capaz la vuelvo a encontrar –se dijo a sí mismo.

Pero luego **reflexionó** porque aquello no tenía mucho

sentido. Además, eso solo le haría perder el tiempo y necesitaba hacer algo más productivo.

Tras llegar a casa, seguía en la búsqueda de una alternativa y a medida que lo hacía, descarto cada cosa porque no le parecía lógico, hasta que se le ocurrió algo.

Se sentó frente al ordenador y buscó su perfil de Twitter. Comenzó a contar su historia y lo flechado que quedó. Luego, una descripción de ella acompañado por un pedido de ayuda por parte de sus seguidores.

-Chicos, necesito saber de ella, quiero conocerla. Por favor, ayúdenme.

Se quedó allí un rato más y se olvidó del asunto, pero con el paso de las horas, su **enunciado** se hizo tan viral, que llegó a conocerse en todas partes. ¡Hasta la televisión!

Sí, era lógico que se sintiera avergonzado, muchísimo, incluso le jugaban bromas en el trabajo y hasta su familia. Pero estaba tan concentrado en encontrarla que le dio igual. Eso era lo único importante.

Un día, sonó la alarma en la mañana, como todos los días, pero ahora pensaba en esa chica: en su cabello corto, en su sonrisa, en la mirada y en esa ropa de colores. En todos esos detalles que aún estaban frescos en su memoria. Que ella estuviera en sus pensamientos, lo hacía sentir más feliz y animado.

Se vistió como siempre, con el optimismo por los cielos. Aunque pasaron un par de semanas y aún ese anuncio en Twitter estaba dando vueltas por ahí, no dio con ninguna información valiosa. Pero la esperanza es lo último que se pierde.

Fue hasta la parada y se quedó allí, de pie. Entonces, **percibió** un aroma de perfume dulce, como a flores y de inmediato se dio vuelta, era ella.

-¡Hola! Me enteré por allí que me quieres conocer. Pues, me llamo Lucía. Mucho gusto, ¿cuál es tu nombre?

Ella le extendió la mano, pero él fue **incapaz** de decir palabra alguna. Ella, Lucía, era mucho más bella de lo que recordaba. Sus ojos oscuros eran brillantes y su sonrisa lo hacía sentir como si todo en la vida iría bien.

-Me... Me llamo Leo.

-Uy, pensé que te habías quedado mudo. Pues, Leo, creo que tomaré este mismo autobús que tú. ¿Qué te parece?

-Me encanta... Me encanta –solo alcanzó a decir.

El autobús paró en el mismo sitio, él pagó y se sentó en el mismo asiento, pero con ella al lado. Era un día frío, pero con un cielo despejado. Lucía sonreía y él también, como un adolescente. Desde ahí, no dejaron de hablar. Fue como magia instantánea.

En un punto, Leo alzó la mirada y se dio cuenta que estaba cerca de bajar, pero luego la miró y no tuvo ganas. No importaba, podía faltar. Además, nadie le iba a extrañar y conocerla era más importante.

Glosario:

Arcoíris: rainbow.

Contactarla/contactar: contact.

Cubierto: covered.

Despertador: alarm clock.

Enunciado: statement.

Fastidiado: annoyed.

Fracción: fraction.

Envión: momentum, urge.

Incapaz: incapable.

Intercambiaron: exchange.

Mudo: mute.

Percibió/percibir: perceived.

Perdió de vista: lost sight.

Pereza: laziness.

Redes Sociales: social network.

Resignarse: resign.

Transporte público: public transportation.

Preguntas:

1. ¿Qué medio de transporte usa Leo todos los días para ir al trabajo?

-Barco.

-Moto.

-Autobús.

(Opción 3)

. . .

2. ¿Qué red social usó Leo para buscar a la chica que le gusta?

    -Facebook.

    -Instagram.

    -Twitter.

    (Opción 3)

3. ¿Cómo se llama la chica que le gusta Leo?

    -Luciana.

    -Lucía.

    -Laura.

    (Opción 2)

Chapter 8

El adiós

Summary:

Laura lost her father, Alfonso, after years of battling cancer. She will now have to deal with her absence and some of the memories of one of the most important relationships in her life.

Alfonso recibió el **diagnóstico** un día de verano, uno en el que Laura, su hija, lo visitó por unas semanas gracias a las vacaciones de trabajo.

-Desde hace días que me siento mal –dijo él durante el desayuno.

-Papá, ¿por qué no me dijiste nada?

-No te quería preocupar, pero bueno. Mejor acompáñame al médico porque hace poco me hice unos exámenes y hoy me dan los resultados.

Fueron juntos en su coche. Hablaban, como siempre. Laura le comentaba algunas cosas de trabajo y Alfonso aprovechaba para darle algunos consejos. Poco después, llegaron al hospital y se sentaron juntos en la sala de espera.

Laura tenía un presentimiento extraño, algo le decía que las cosas no estaban bien. Aquella sensación le creció en la boca del estómago e invadía sus extremidades. Comenzó a temblar, pero hizo lo posible por **disimular**.

Entraron al **consultorio** y el médico los recibió cordial, pero con una expresión de severidad. Laura supo de inmediato que esa sensación era una realidad.

-Lamento decirle, Sr. Alfonso, que tiene cáncer de páncreas en un estado muy avanzado...

Lo demás se **difuminó** porque el primer impacto fue demasiado y lo demás solo eran detalles sin importancia. Mientras, se tomaron las manos y permanecieron en silencio.

El trayecto se sintió mucho más largo y pesado. Sonaba la radio porque había que llenar ese vacío con algo, al menos por el momento.

Después de unas largas horas de silencio, Alfonso miró a Laura y le sonrió:

-Bueno, nena, así son las cosas. ¿Por qué no vamos por un helado? Hace poco descubrí un lugar tremendo y estaría bueno que fuéramos para probar algunos sabores. ¿Te animas?

Su padre se veía más animado que nunca, como si se le hubiera renovado el optimismo, pero Laura quería pasar la tarde llorando. Sin embargo, sabía que no era lo mejor y que ahora quedaba disfrutar cada momento.

Pasaron las vacaciones juntos y el regreso fue una de las partes más complicadas de todo. Laura sabía que se venían tiempos duros y que era necesario que fuese fuerte, tanto para ella como para él.

El médico les recomendó una serie de quimioterapias para vigilar las reacciones de Alfonso. En caso de no obtener resultados más o menos positivos, probarían con sesiones de **radioterapia** y con otros métodos que prometían ser mucho más agresivos.

Alfonso no estaba demasiado interesado al respecto, sin embargo, Laura insistía con el plan. Había que ser todo lo posible para que él se recuperara, a pesar de que el **pronóstico** no era nada alentador.

Pasaron unos meses y las cosas no parecían mejorar demasiado. Laura pensó en llevar a su padre a uno de los mejores doctores especializados en ese tipo de cáncer.

-Papá, este médico es uno de los mejores. Leí que hace poco probó con un método que no es invasivo y que está dando buenos resultados.

-Nena, estoy cansado. Ya no puedo seguir así.

-Pero, papá, tenemos que hacer todo lo posible para que estés mejor. Es más, puedo hacer una reserva...

Alfonso se levantó de la silla en donde estaba, débil, con ojeras y considerablemente más delgado. Laura sintió un poco de preocupación al verlo de esta manera, pero él le tomó la mano y volvió a sonreírle como la vez que recibieron el **diagnóstico**.

-Es suficiente. ¿Por qué no vamos por un helado? Tengo ganas de comer un helado.

Ella se quedó en silencio y comprendió que tenía que hacer lo que fuese para que su padre estuviera cómodo y, sobre todo, para respetar sus decisiones.

Fue así que pasaron el resto del tiempo divirtiéndose, yendo a parques, comiendo helado, visitando museos y lugares que en algún momento se hubieran negado por falta de tiempo.

Un día, su padre no se pudo levantar de la cama. Laura llamó a emergencias y lo internaron con rapidez. Ella sintió un vacío en el corazón porque todo daba a entender que había llegado ese momento que tanto temía.

-Mejor espere aquí –le dijo el médico y ella se sentó en una de esas sillas de plástico que estaban en el pasillo de la Unidad de Cuidados Intensivos.

En sus manos, tenía el abrigo de su padre y un par de boletos que compró hacía días a un zoológico. Sería una visita sorpresa.

Esperó cinco minutos, luego treinta y después perdió la cuenta de cuánto tiempo estaba sentada allí. No sentía hambre, ni frío, mucho menos sueño. Estaba en un constante estado de alerta que impedía que siquiera fuera a buscar un café.

Tras otro rato más, escuchó el sonido de la puerta de la sala, alzó la mirada y el médico tomó un poco de aire antes de darle la noticia.

Laura quedó en completo silencio y así fue durante los meses siguientes. Solo se concentró en hacer los arreglos, resolver el papeleo y tener listo lo que debía estar listo.

Pero, cuando pasó todo, cuando las cosas se calmaron, Laura se encontró con una tristeza enorme y que la frenaba de hacer la rutina de todos los días.

Quería encontrar la manera de poder lidiar con ese dolor, pero le costaba mucho más de lo que quería admitir.

Un día de mucho calor, se le antojó un helado. Entonces, tomó el coche y comenzó a conducir por las calles. El día estaba hermoso, con el cielo despejado y con un montón de árboles y flores de todos los colores.

Fue a esa heladería en la que solían ir su padre y ella, compró un cono de helado de lima-limón y se sentó en un banquito afuera porque quería aprovechar el clima agradable de ese verano.

Mientras lo hacía, sintió una paz que le hizo sonreír y poco después, sintió una brisa fresca, una no muy típica de esa temporada. Volvió a sonreír.

-Gracias, papá. Muchas gracias.

Por fin Laura le pudo decir adiós a su papá. Y se sintió mucho mejor.

Glosario:

Diagnóstico: diagnosis.

Difuminado/difuminar: blur.

Disimular: hide, disguise.

Consultorio: consulting room.

Pronóstico: forecast.

Radioterapia: radiotherapy.

Unidad de Cuidados Intensivos: Intensive care unit.

Preguntas:

1. ¿De qué falleció el padre de Laura?:

-Cáncer de piel.

-Cáncer de hígado.

-Cáncer de páncreas.

(Opción 3)

2. ¿Cómo se llamaba el padre de Laura?

-Pedro.

-José.

-Alfonso.

(Opción 3)

3. ¿Laura y su padre eran cercanos? Explique.

Chapter 9

El encuentro

Summary:

Ignacio and Diana hooked up through a dating app. However, Ignacio left the country and thought that he would not resume contact with Diana, until she began to write to him. The two have not seen each other and Ignacio would like that to happen, so he does everything possible so that a meeting can take place.

Estaba nevando a las afueras de Roma. Era invierno e Ignacio tenía la mirada fija hacia la pequeña ventana que daba hacia el exterior, una calle desierta, pero **pintoresca**.

Sería una noche cualquiera de no ser porque ya llevaba charlando con Diana durante todo el día. Ella, de alguna manera, lo acompañaba, aunque estuvieran separados por miles de kilómetros, continentes y un par de océanos, al menos.

Aunque no se habían visto en persona, tanto Ignacio como Diana sentían que tenían años conociéndose. De hecho, era regla segura que uno o el otro comenzara la conversación con alguna **anécdota**, chiste o comentario de la nada.

Pero, más allá de la felicidad que él sentía por sentir una cercanía con ella, tenía claro que estaba en ese nuevo país porque quería probar suerte y porque deseaba, desde hacía mucho tiempo, hacer un cambio en su vida.

De vez en cuando se arrepentía de no haber tomado la iniciativa de verla, conocerla. La incertidumbre a veces lo molestaba, pero arrepentirse tampoco tenía mucho sentido. Así que comenzó a ver toda la situación como el nacimiento de una linda amistad.

Todo parecía marchar de lo más normal, pero con el paso del tiempo, se **percató** que sus sentimientos estaban tomando otra dirección. Diana no era solo una amiga especial, sino alguien que le importaba mucho y que quería mucho también.

Por varios meses, trató de ocultar sus emociones, pero era cada vez más obvio que era imposible. No obstante, ignoró todo hasta que ella lo encaró una vez:

-¿No crees que las cosas están diferentes?

-¿Diferentes? ¿En qué sentido? ¿A qué te refieres?

-Vamos, Ignacio. Sabes a lo que me refiero –le respondió ella en una dulce nota de voz.

Eso era suficiente para que ambos lo pudieran admitir. Estaban enamorados y era una realidad de la que, hasta cierto punto, era complicada.

Asumir la situación nada más fue una primera parte, los dos estaban conscientes de que vivían lejos y que cada quien estaba haciendo su vida como le era posible. Por eso, en una noche como esa, durante la **nevada**, Ignacio no paraba de pensar en lo que podía hacer para verla. Quería verla. Lo necesitaba.

-A ver, ¿qué sería lo ideal? –se preguntaba Ignacio -¿Qué puedo hacer?

Lo cierto era que no tenía demasiadas opciones al respecto. Mientras estuviesen revisando su proceso migratorio, tenía que quedarse en el territorio. Así que era cuestión de esperar y tener paciencia.

Un día, recibió una muy buena noticia: le aprobaron la residencia, por lo que tenía la posibilidad de entrar y salir del país sin problemas. En ese momento, el corazón comenzó a latirle con fuerza. Podía regresar a su país para hacer algunos arreglos que necesitaba hacer y así, ver a Diana por fin.

Tomó el móvil para llamarla y contarle, pero hizo una pausa. ¿No sería mejor tenerlo como una sorpresa? Esa idea le pareció mucho más linda.

Durante largas semanas, preparó toda la logística para el regreso a su ciudad. Ignacio avisó a sus mejores amigos, algunos familiares y conocidos que estaban contentos con la idea de reunirse con él. Lo sabían todos, menos ella.

Compró el **billete de avión** y se aseguró de tener listo el **hospedaje**. Apenas al llegar, se contactó con Diana. La emoción no le cabía en el pecho.

El viaje fue mucho más largo de lo que pensó, pero le dio tiempo suficiente como para hacer una reservación en un lindo restaurante y comprar un ramo de flores para cuando la viera. Quería que la ocasión fuera lo más especial posible.

Tras un largo día de trabajo, Diana regresó a casa sin muchas expectativas de lo que haría esa noche. Quizás vería alguna película con su gato en brazos y luego se iría a dormir. La única anormalidad de su rutina era que no supo mucho de Ignacio durante el día.

Sin embargo, hubo una figura en la oscuridad que le hizo sentir curiosidad. Era alguien que le parecía conocido, pero no estaba segura. Entonces, justo en ese momento, Ignacio le extendió un ramo de flores que le llevó.

-Hola, Diana. No sabes lo feliz que me hace verte.

Ella estaba impactada, demasiado impresionada como para decir algo coherente. Pero luego de un rato, pudo salir de su estupor y fue hacia él para darle un abrazo. Los dos estuvieron un largo rato así, incapaces de creer que estaban el uno frente al otro.

Fueron a cenar poco después. Diana seguía sin creerlo, así como Ignacio. Después de conocerse en una aplicación de citas en un día cualquiera y tras largas charlas, estaban charlando en la misma mesa. Fue como un sueño hecho realidad.

-¿Qué tal si regresamos a casa caminando? La noche está

muy linda –se animó Diana. Ignacio aceptó con una sonrisa en la cara.

Salieron del restaurante tomados de la mano. Era una linda noche de verano en la ciudad y los dos aprovecharon para ponerse al día. Todo se sintió natural y fluido.

-Estoy muy contenta de que estés aquí. ¡Y no me dijiste nada!

-¡Lo sé! Para mí fue muy difícil. Apenas supe la noticia, quise llamarte y contártelo todo, pero pensé que sería mejor idea si te tomaba por sorpresa y parece que no estuvo nada mal.

-Ja, ja, ja. Muchas gracias por venir y por sorprenderme. No sabes lo feliz que me hace que nos veamos.

-Yo también estoy muy feliz. Siempre sentí que me acompañabas en todo momento y lo menos que podía hacer era tratar de **compensarte** un poco.

Seguían de la mano y tanto Ignacio como Diana, se **percataron** que era el inicio de algo lindo. Era obvio que existían muchos aspectos inciertos, pero los dos tomaron la decisión de que dejarían que las cosas tomaran su curso. Era lo mejor.

Glosario:

Anécdota: anecdote.

Boleto de avión: airplane ticket.

Compensar: make up for.

Hospedaje: accommodation.
Nevada: snowfall.
Percatar/percató/percataron: notice, realizing.
Pintoresco/pintoresca: scenical, vivid.

Preguntas:

1. ¿En dónde se conocieron Diana e Ignacio?:
-En una aplicación de citas.
-En el cine.
-En el trabajo.
(Opción 1)

2. ¿Qué tuvo que esperar Ignacio para poder regresar a su ciudad de origen?:
-El pasaporte.
-La residencia de su país actual.
-Un permiso especial.
(Opción 2)

3. ¿Quiénes sabían del regreso de Ignacio a la ciudad?

Chapter 10

Un paseo encantador

Summary:

Andrés is going to live in Buenos Aires. He is received by his friend Matías who introduces him to one of the most emblematic foods of the city and the country: dulce de leche. Andrés will taste some desserts and comment on his impressions of him to Matías, while the two share a dream walk.

Andrés tiene un poco más de dos meses viviendo en la Ciudad de Buenos Aires. Un sábado se vio con su amigo Matías, en **El Obelisco**, uno de los puntos turísticos más importantes y reconocidos.

-¡Hola, Andrés querido! ¿Cómo te fue en el trayecto? ¿Pudiste llegar bien?

-¡Hola, Mati! Fue interesante, el conductor se desvió en el

camino, pero pude ubicarme bien cuando vi las calles y avenidas por Google Maps.

-Pero bien, lo fundamental es que ya estás aquí. Así que aprovechemos para caminar un poco para que conozcas el lugar.

Andrés y Matías comenzaron a caminar por la Avenida nueve de Julio, una de las más populares y conocidas de la ciudad. Ambos pudieron observar los cafés abiertos, tiendas de recuerdos y a los turistas que también exploraban alguna de las calles **adyacentes**.

El día estaba hermoso y ambos charlaban de algunas tradiciones y comidas. Justo fue el momento perfecto para que Andrés sintiera un poco de hambre.

-¿Qué tal si comemos algo?

-¿Qué te gustaría comer? Podemos almorzar un emparedado de miga, comer una milanesa con fritas o...

-Algo dulce. Tengo dos meses aquí y no he probado aún algo con **dulce de leche**.

Matías se emocionó por aquella respuesta porque el dulce de leche era una de sus comidas favoritas. Recordó que cerca de donde estaban caminando había un pequeño café en donde podrían probar algunos postres y así descansar un poco.

Matías se adelantó para guiar a su amigo a una de las mesas que estaban afuera de ese café al que tanto quería ir.

Andrés se sintió aliviado al poder sentarse. Le dolían los pies y el estómago le crujía porque tenía también muchas ganas de comer algo, pero estaba intrigado de saber qué probaría. De hecho, antes de esa salida, se tomó la tarea de investigar sobre varios de los platos y preparaciones más populares y tenía varias opciones para **degustar.**

Un mozo se les acercó para tomarles la orden:

-Buenas tardes, chicos. ¿Qué les gustaría pedir?

Andrés no tenía demasiado conocimiento de comida, así que le delegó la tarea a Matías quien estaba más entusiasmado que nunca.

-A ver, nos gustaría pedir una **pasta frola**, unas lengüitas de pastelera y dulce de leche, vigilantes de dulce de leche y unas **bolas de fraile**. Mmm. Creo que eso sería todo.

-Perfecto –dijo el mozo- ¿Les gustaría algo para tomar?

-Pienso que un par de cortados estaría más que bien. ¡Ah! Y una botella de agua sin gas.

-Excelente, chicos. Ya les traigo su pedido.

Matías tenía una enorme sonrisa en los labios, no podía esperar por el momento de hacerle probar a su amigo todas aquellas delicias que estaban por venir.

-Andrés, sé que te va a encantar todo lo que pedí.

-Escuché que hay algunas cosas con dulce de leche.

-¡Y así es! Este café tiene las mejores facturas del lugar. Te encantará.

Las expectativas de Andrés eran altas y ya tenía en mente toda esa selección de postres que les traerían.

El mozo comenzó a llevarles el par de cortados que

Matías pidió, más la botella de agua. Aprovecharon también para hacer un poco de espacio para que la comida pudiera llegar sin problemas.

Pocos minutos después, comenzó a llegar la selección que hizo Matías. Platos con trozos generosos de pasta frola, pequeñas bandejas con las lengüitas de dulce de leche y pastelera, así como los vigilantes los cuales, además, estaban adornados con trozos de maní y avellanas.

Pero lo mejor de todo, al menos para Andrés, fue ver esa cestita con las bolas de fraile. Tenían azúcar en polvo y en uno de los bordes, podía verse cómo rebosaba pastelera y dulce de leche. Era un espectáculo a la vista.

Matías juntó las manos a modo de celebración y miró a su amigo con ojos brillantes y llenos de emoción.

-Bueno, ¿con qué te gustaría empezar?

Andrés estaba un poco dubitativo, pero pensó que sería buen plan empezar con una de esas lengüitas puestas delicadamente, listas para tomar.

El primer bocado lo sintió como una explosión de sabores. La dulzura suave de la crema pastelera iba muy bien con la intensidad del dulce de leche. Fue allí cuando sintió un amor instantáneo. Mientras, Matías solo lo miraba porque se percató de que su amigo estaba disfrutando un montón.

-¡Pero está exquisito! –dijo Andrés tras terminar con el último bocado de esa lengüita.

-Si eso te gustó, tienes que ir por el vigilante. La masa está hecha de manteca y mira, es esponjosa como una nube.

Matías cortaba un poco la factura con una cuchara y Andrés podía ver la textura y la cremosidad del dulce de leche, su nueva obsesión.

Todo estaba delicioso, pero tras un trago de café, pensó que ya estaba listo para las bolas de fraile. Había dejado lo mejor para el final.

Apenas tomó una, notó la cobertura de azúcar de polvo, lo aireado y ligeramente caliente que estaba. Sin duda, estaba recién hecho y eso parecía ser el acento ideal para una tarde fresca como la de ese día.

Dio un primer bocado y fue tal y como lo imaginó: lo más perfecto en el mundo y sintió una emoción tremenda que hasta hizo que se le acelerara el corazón.

Mientras comía, Andrés creyó que tenía mucha suerte de estar en un lugar tan hermoso como Buenos Aires. Todos los sitios, la comida, el dulce de leche que lo cautivó como nunca y, claro, la compañía de sus amigos, entre ellos, Matías.

-¿Y bien? ¿Qué te ha parecido todo? Cuéntame –dijo Matías con curiosidad.

-La verdad es que no tengo palabras para describirlo. Todo ha sido delicioso y el dulce de leche es lo mejor del mundo.

-¡Te lo dije! Es increíble.

-Gracias por haberme traído.

-A ti por acompañarme. Ahora tienes que prepararte para probar muchas cosas. ¿Estás listo?

-¡Claro que sí!

. . .

Glosario:

Adyacente/adyacentes: adjacent.

Bolas de fraile: it's the Argentinian version of a doughnut, filled with dulce de leche.

Degustar: taste, to taste.

Dulce de leche: it's a preparation made with milk and sugar. At the end, results a spread-sauce like consistency.

El Obelisco: construction considered as a national historic monument and it's also know as an icon of Buenos Aires.

Pasta frola: sweet tart typical made with strawberry jam, guava, dulce de batata or dulce de leche.

Preguntas:

1. Andrés y Matías se encontraron en:

-Estación de tren de Retiro.

-Cementerio de Recoleta.

-El Obelisco.

(Opción 3)

2. ¿Qué decidieron comer Andrés y Matías?:

-Milanesas con fritas.

-Sándwiches de miga.

-Variedad de postres con dulce de leche.

(Opción 3)

3. Matías y Andrés caminaron por:

-Santa Fe.

-9 de Julio.

-Cabildo.

(Opción 2)

Chapter 11

El hijo de dos mundos

Summary:

Rodrigo is a writer who lives in Germany and recounts his childhood stories living between two cultures: Venezuelan and Argentine. Although he now lives in another country, Rodrigo celebrates his parents' heritage through his memory and writings.

Sonó el despertador a las seis de la mañana, la hora ideal para escribir. Rodrigo se levantó en una mañana **gélida**, en la que hacía menos de diez grados. Se puso un abrigo que estaba cerca de la cama y miró por la ventana. Estaba nevando un poco y ese paisaje frío siempre le gustó.

Después de estar allí por unos minutos, fue al baño a **cepillarse** los dientes y a tomar una ducha caliente. Luego tomaría un café negro, ese mismo que su mamá le enseñó a hacer cuando era un adolescente.

El café para él, así como otras cosas, formaba parte de una larga lista de **hábitos** y **rituales** aprendidos por sus padres: una venezolana y un argentino.

De su madre, aprendió el amor por el café negro en la mañana. De hecho, podía faltar cualquier cosa, menos ese café. Era una obligación.

Por otro lado, de su padre heredó el amor profundo por el **Boca Juniors**, la **juntada** con los amigos y el **asado** los domingos. A pesar de estar tan lejos, Rodrigo trataba de respetar todos esos gustos porque formaban parte de su identidad.

Sin embargo, a través de los años, se sentía fuera de lugar en algunas ocasiones. Para su familia materna, le faltaba el calor del Caribe y la espontaneidad; mientras que, con sus familiares por parte de padre, Rodrigo era demasiado bromista e informal. En pocas palabras, parecía moverse en dos aguas diferentes.

Aunque de adulto se sentía más cómodo y feliz con lo que era, recordó un episodio en el colegio. Algunos de sus compañeros se **burlaban** de él porque hablaba con palabras típicas del hablar argentino, pero su acento era venezolano. Para Rodrigo era de lo más normal, pero para el resto no.

Su madre notó que él no lo estaba pasando muy bien. Entonces, decidió dejarlo tranquilo hasta que Rodrigo le hiciera algún comentario.

-Mamá... -dijo él mientras su madre cocinaba.

-Dime.

-En el colegio dicen cosas de mí, de cómo hablo.

-Explícate.

-Pues, se burlan. Dicen que hablo raro. Y la verdad, me siento mal.

-¿Por qué?

-Porque no encajo. Me siento como un bicho raro y me duele. Lo odio, mamá, lo odio.

Su madre dejó lo que hacía para sentarse junto a Rodrigo. Ella, una mujer de tez morena y rizos abundantes, le sonrió para luego responderle lo siguiente:

-Vienes de dos mundos diferentes, pero maravillosos. Eres un chico que toma mate en las tardes y que cena **cachapas con queso** para la cena. Te gusta el fútbol, te apasiona, así como también te apasiona bailar y bromear. Eres la unión de tu padre y de mí, de dos personas que crecimos tan diferentes, pero que a pesar de eso tuvimos y tenemos cosas en común. Eres resultado del amor que es lo más importante.

-¿Qué puedo hacer?

-Las burlas y comentarios existirán siempre, hijo. Por lo que fuere, lo único que puedes hacer es aceptar de dónde vienes, querer tus raíces, abrazar tu identidad. No es malo ser diferente y nadie tiene por qué hacerte sentir como estás ahora por eso.

Rodrigo trató de entender esas palabras, sobre todo porque su madre era **inmigrante** y sabía más que nadie las cosas que ella tuvo que sacrificar para lograr estabilidad y tranquilidad. Entonces, luego de esa conversación, preparó unos **mates** para merendar con su padre como hacía todas las tardes.

Con el tiempo, las palabras y enseñanzas de sus padres tuvieron mucho más sentido para él. Dejó de sentir **vergüenza** y temor de lo que era. No era necesario ni justo para él.

En ese proceso de entendimiento, Rodrigo se encontró con la escritura, un ejercicio que le ayudó a conciliar lo que era ser un hijo de un **matrimonio multicultural**. Cada historia que relataba la guardaba en un blog para tener registro de cada cosa.

Una de sus historias más celebradas fue cuando Rodrigo escribió sobre el matrimonio de sus padres. Su madre celebraba su quinto aniversario viviendo en Argentina y tuvo una cita especial con su padre, quien la invitó a cenar.

Era un día de invierno, frío y gris, pero a su madre le gustaba esa temporada del año, aunque su padre era más amante de los días **calurosos**. Tras encontrarse en una estación de tren, caminaron algunas calles hasta dar con el restaurante.

Ella estaba emocionada porque, además, también había encontrado un trabajo. Pero, al entrar el lugar, solo había una mesa iluminada, además, por unas velas dispuestas delicadamente. Había flores frescas y los mozos los esperaban con sonrisas.

-¿Qué pasa? No... No entiendo.

-Vení –le dijo él con su acento porteño, mientras le extendía la mano temblorosa por los nervios.

Se sentaron en la mesa y comenzó el sonido de una guitarra. La madre de Rodrigo la identificó de inmediato. Era un vals venezolano: Natalia. Uno de sus favoritos en el mundo entero.

Ella comenzó a llorar porque estaba emocionada y justo allí, el padre de Rodrigo se **arrodilló** y le presentó una pequeña cajita con un anillo adentro.

-¿Te querés casar conmigo?

Los ojos se abrieron de la sorpresa y sin poder decir algo, fue hacia él hasta que cayeron al suelo, entre besos y abrazos. Le dijo que sí y el personal del restaurante comenzó a aplaudir.

Con esa **anécdota** tan personal, Rodrigo entendió que su vida era la unión perfecta de dos personas diferentes y que se amaban profundamente. A pesar de los años, de las vivencias y el haberse mudado a otro continente, aún sonreía porque conservaba sus tradiciones y gustos porque estas formaban parte de él.

Rodrigo, luego de terminar ese café, pensó que sería buena idea salir a caminar un poco. Aún se sentía nostálgico y tenía ganas de seguir recordando esa infancia y adolescencia en la que fue tan feliz.

. . .

Glosario:

Anécdota: story.

Asado: barbecue.

Arrodilló/arrodillarse: kneel down.

Boca Juniors: an Argentinian football team.

Burlaban/burla: make fun.

Caluroso/calurosos: hot.

Cachapas con queso: a Venezuelan dish made from corn and cheese.

Cepillar/cepillarse: brush.

Gélida/gélido: gelid, icy.

Hábitos: habits.

Inmigrante: immigrant.

Juntada: reunion, party.

Mates/mate: a South American infused drink.

Matrimonio multicultural: multicultural marriage.

Rituales /ritual: ritual, habit.

Tez: skin, complexion.

Vergüenza: shame.

Preguntas:

1. ¿De qué países son los padres de Rodrigo?:

-Venezuela y Uruguay.

-Venezuela y Argentina.

-Cuba y Argentina.

(Opción 2)

. . .

2. ¿Qué estación le gustaba la madre de Rodrigo?:

-Verano.

-Invierno.

-Otoño.

(Opción 2)

3. ¿En qué país está viviendo Rodrigo?:

-Bélgica.

-Alemania.

-India.

(Opción 2)

Chapter 12

¡Todos a la mesa!

Summary:

Sofía is a young woman who is beginning to experiment with cooking. Her main motivation, apart from eating better, is to prepare a special dinner for her best friends, Mariana and José, who are vegans. She wants to celebrate her new skills with a special event, as she ventures into the vegan world.

Sofía recibió la noticia de que sus mejores amigos estaban en la ciudad y se le ocurrió la idea de prepararles una cena especial para **agasajarlos**. Sin embargo, recordó un detalle muy importante: Mariana y José son veganos.

-¡Hola, Mariana! Cuando vengan, les preparé una cena especial.

-Muchas gracias, Sofi. Espero que no te moleste el hecho de que ahora, José y yo, seamos veganos.

-¡Para nada! Eso no es problema. Voy a hacerles una comida rica para que se sientan **mimados**.

Mariana y José llegarían a la ciudad en cuestión de días, así que Sofía se impuso un reto: mejoraría sus habilidades en la cocina y se familiarizaría con los productos de origen vegetal para poder crear platillos deliciosos y saludables para sus amigos.

Lo primero: investigar. Antes de ir al supermercado a comprar algunos productos, pensó que era mejor idea estudiar todo lo relacionado con el mundo del veganismo, así tendría una idea más clara de lo que se encontraría al encender las hornallas.

Revisó algunos videos en YouTube para tener algunos ejemplos didácticos. Se tomó un solo día para la tarea e hizo algunos apuntes para poder recordar después lo que debía comprar para practicar y cocinar.

Durante el proceso, se dio cuenta de que lo esencial era mezclar buenos sabores a través de las especias: comino, pimienta, sal rosada, canela, orégano, curri y un montón de opciones más que le parecieron exóticas, pero también llamativas.

Por otro lado, si bien quería lucirse con sus amigos, estaba consciente de que la mejor alternativa era hacer algo rápido y más o menos sencillo.

Al día siguiente, Sofía se sentó en la mesa de la cocina con lápiz y papel. La tarea ahora era planificar un menú de tres tiempos para una cena especial.

Una entrada que sería una ensalada fresca con frutos rojos, el segundo plato que consistiría en un curri de lentejas rojas con arroz y, finalmente, de postre un helado de plátanos y chocolate vegano. A primera vista, parecía complicado, pero Sofía tenía la esperanza de que lograría el objetivo con éxito.

Se armó de valor y se vistió para ir a comprar la lista de ingredientes que hacía minutos acababa de terminar. Estaba segura y con ánimo. Especialmente, porque esa misma mañana hizo un experimento culinario que terminó muy bien.

Al llegar, tomó el pedazo de papel y miró fijamente. Fue leyendo en voz muy baja, como con la intención de retener la información en su cerebro tanto como fuese posible:

-A ver... Necesito espinacas y rúcula, algunas bayas frescas, vinagre balsámico y un aceite de oliva. No, no. Eso lo tengo en casa.

Primero fue con la entrada para asegurarse de que tenía todo consigo. Después siguió con el plato fuerte y volvió a repetir el mismo ritual anterior: leer en voz muy baja:

-Ahora a por las lentejas rojas, leche de coco, comino, curri y pimienta rosa. Una lata de tomates rojos, cebolla, pimiento rojo, ajo y un poco de cilantro. Con el arroz creo que ya estamos.

Sofía estaba contenta porque solo le faltó llevar los plátanos, la leche de almendras y el chocolate amargo para preparar el postre. Entonces, luego de hacer las compras, fue a un café vegano para probar cosas nuevas y quizás así, aventurarse más en ese tipo de alimentación.

Unos días después, en plena nevada, Sofía se animó a comenzar a preparar la cena porque en pocas horas llegarían Mariana y José. El curri tomaría más tiempo, así que comenzaría con eso.

Picó la cebolla, el ajo y el pimiento rojo para llevarlo a una cacerola con aceite de oliva. A fuego medio, revolvió todos los ingredientes, siempre con una mirada tranquila, pero vigilante. No quería perderse de ningún detalle.

Luego, las especias: el comino, pimienta –que ya tenía en casa- y el curri. Cuando sintió que todo estuvo a punto, puso las lentejas, la lata de tomates rojos y caldo de vegetales para que las legumbres pudiesen cocinarse.

Probó un poco y le pareció oportuno la leche de coco. Respiró profundo y deseó con todo su corazón que todo saliera bien. El toque final sería el cilantro y un chorrito de limón, pero lo haría cuando ellos ya estuviesen a la mesa.

Preparó el arroz con té de jazmín, la ensalada de espinaca y rúcula con bayas y el helado de plátanos y chocolate que dejó en el refrigerador listo para servir.

Sofía hizo todo a tiempo, así que solo bastaba tomar una ducha, vestirse y preparar la mesa para recibir a sus amigos.

-Estoy demasiado nerviosa y debería tratar de calmarme un poco.

La emoción de Sofía era porque quería ofrecer una **velada** inolvidable.

Un rato después, Sofía estaba abrazando a sus amigos con todas sus fuerzas. Mariana y José se veían igual que en el colegio. Rieron un poco y lloraron otro más por todas las anécdotas que tenían pendiente por contarse.

-Vengan, he preparado la mesa para que podamos cenar. ¡Deben estar hambrientos!

Mariana y José se miraron con una sonrisa. Siguieron a Sofía hasta el comedor y se encontraron con una mesa con platos de colores y flores que perfumaban el ambiente.

-Bien, chicos. Siéntese y prepárense para un menú de tres tiempos.

-Vaya, vaya –dijo José- Esto pinta de lo mejor.

Sofía comenzó con la entrada y luego de unos minutos, la prueba de fuego: el curri de lentejas que tanto le tomó preparar.

En cuanto dejó los platos en la mesa, Sofía se sentó en silencio para poder ver las reacciones de sus amigos. La expectativa la estaba matando.

Mariana se limpió los labios después de unos cuantos bocados y miró a Sofía, le tomó la mano y la miró con un brillo en los ojos:

-Esto es uno de los platos más deliciosos que me he comido en la vida. Muchas gracias, amiga mía.

José también le halagó sus habilidades culinarias y, al final de la noche, los tres amigos estaban celebrando la visita con el rico helado de plátanos y chocolate. La forma más dulce de terminar un encuentro especial.

Glosario:

Agasajarlos, agasajar: teat well, entretein.

Mimarlos, mimar: spoil, indulge.

Velada: soirée, small party.

Preguntas:

1. Los mejores amigos de Sofía se llaman:

-Mariana y Pedro.

-María y José.

-Mariana y José.

(Opción 3)

2. Qué tipo de cena preparó Sofía a sus amigos:

-Vegetariana.

-Vegana.

-Una parrillada.

(Opción 2)

. . .

3. Sofía y sus amigos se conocen desde:

    -La universidad.

    -El trabajo.

    -El colegio.

    (Opción 3)

Chapter 13

¡Vamos a la montaña!

Summary:

Kike is in Cuzco for a vacation and decides to visit some of the most emblematic places of the place to return home with nice memories. Among all the options that she looks for, she comes across the mountain of seven colors, one of the most visited attractions in the city. This trip will be unforgettable for Kike.

Kike era un abogado que casi no daba espacio para las vacaciones o el **tiempo libre**. Más bien se concentraba en llenar formularios, hacer **demandas** y visitar constantemente a los **tribunales** para resolver los casos de sus clientes.

En el **entorno judicial**, Kike era conocido por ser

implacable, pero justo y trabajador. Rechazaba pocos trabajos porque se acostumbró a tener una vida agitada todos los días.

Siempre se rindió para sí mismo y para sus jefes, pero comenzó a sentir que esa vida ya no le estaba funcionando y quería hacer algo que fuera más emocionante, quizás tomar unas vacaciones sería la mejor alternativa.

Estaba en un café, como todas las mañanas, revisando los pendientes del día. Tomó su móvil para responder un par de mensajes y entre las conversaciones destacó la palabra "Cuzco". Apenas la vio, le llamó la atención porque estaba seguro de que se refería a una ciudad.

-Ah, es en Perú. Interesante.

Siguió leyendo más sobre la localidad y se sintió **intrigado** a medida que recorría las líneas de ese texto que leía. Ya moría por encontrar la **oportunidad** de visitar ese lugar.

Kike no lo pensó dos veces. Dejó lo que hacía y buscó el contacto de una **agencia de viajes**. Marcó el número e hizo los arreglos para visitar los **sitios turísticos** más importantes.

-Sí, tenemos un **recorrido** a la montaña de siete colores. Es un paseo de todo un día en el que están varias personas anotadas.

-¿Tiene un costo extra?

-Oh, no, para nada. Está incluido en el paquete que hemos estado hablando. Solo le recomiendo que compre ropa de **excursión** porque es un paseo largo donde hay una **caminata** de unos cinco kilómetros.

-Vale, perfecto.

-Un último detalle. Cuando usted llegue al aeropuerto, una persona estará esperándolo para llevarlo al hotel. Pasará lo mismo en su viaje de regreso. Antes, estaremos comunicándonos con usted para mantenerlo informado.

-Muchas gracias. ¡Hasta pronto!

Colgó el móvil y sintió que estaba a punto de iniciar una **travesía** como ninguna otra. Aunque estaba emocionado, no podía dejar de pensar en lo que dirían sus clientes y jefes, pero si retrasaba sus vacaciones, nunca tendría el tiempo para nada.

Avisó que se iba en un par de semanas, sin **remordimientos**, ni **arrepentimientos**. Al dejar todo listo, se concentró en comprar ropa y zapatos de excursión para estar preparado.

Llegó la fecha y Kike no aguantaba la emoción. Iría a Cuzco para visitar tantos lugares que tendría que tener lista la cámara fotográfica para poder tomar los recuerdos.

Aterrizó el avión y, en efecto, había una chica que tenía un **cartel** con su nombre. Ella lo llevaría hasta el hotel y le daría un poco de información sobre los paseos, comidas y cualquier otra cosa que él necesitara.

-El hotel está cerca de un restaurante que es muy bueno. Se lo recomiendo. Tiene comida muy rica, encontrará choclo con queso, trucha frita y chicharrón cusqueño que se hace con cerdo frito. Es mi plato favorito.

-Vale, me encanta. Muero por probar todas esas cosas que dices, pero creo que por lo pronto voy a descansar un poco.

Kike llegó a un hotel pequeño, pero cómodo en el centro de la ciudad. Al dormir un par de horas, salió para explorar un poco y se sorprendió de que la ciudad fuera tan pintoresca y cálida. Había gente caminando por todas partes y turistas también.

Al día siguiente, desayunó y se preparó para ir a la excursión de la montaña de los siete colores. Era lo que más esperaba y estaba ansioso por conocer el lugar. El guía reunió al grupo en la entrada del hotel, ya que partirían en una pequeña **van**.

El viaje no se sintió muy largo y cuando llegaron, bajaron para caminar por Pitumarca, un pueblo pequeño cerca de la montaña.

En el **trayecto**, se encontraron con pequeños poblados en medio de campos amplios. Algunos tenían sus **huertos** y animales de granja. Parecía ser una vida tranquila y **apacible**, algo que Kike le hizo sentir en paz.

Seguían caminando hasta que todos comenzaron a avistar la montaña. El guía celebró la llegada y aprovechó que todos estaban juntos para hablar de ella:

-Chicos, esta es la hermosa montaña de siete colores.

Recibe ese nombre porque, según **geólogos**, la montaña tiene diferentes **composiciones** de minerales, por eso se forman esas capas de colores que podemos ver. Y bueno, este lugar tiene una gran importancia para nosotros, incluso, pueden sentir que hay una energía diferente y agradable. Es por ello que les recomiendo que caminen un poco y se tomen el tiempo de admirarla.

La gente del grupo se animó a la recomendación del guía. Kike, sacó su cámara y luego de unas cuantas fotos, se sentó en un punto de la montaña en donde podía admirarla. Ese día le pareció uno de los más hermosos que había vivido jamás.

-Qué suerte tengo de estar aquí. De verdad que sí.

El ruido de los coches, la gente peleando, la montaña de papeles, reclamos y discusiones en los **tribunales** quedaron en atrás. Nada de eso lo podían alcanzar.

Estuvo un rato más, incluso, tuvo el tiempo suficiente como para **meditar** un poco. Decidió que cambiaría las cosas. Su vida ya no giraría en torno a su trabajo.

Regresar a la ciudad le ayudó a tener una mejor **perspectiva** de las cosas. Desde ahí, comenzó a salir más temprano, a dormir un poco más, visitar a sus amigos y familiares, y probar con cursos y paseos en la ciudad y en las afueras. Sabía que tenía mucho que explorar y que era mejor apresurarse para aprovechar el tiempo.

La visita a la montaña de colores fue el suceso que cambió

la vida de Kike, un hecho que lo ayudó a pensar más en sí mismo.

Glosario:

Agencia de viajes: travel agency.
Arrepentimientos: regrets.
Apacible: peaceful.
Caminata: hike.
Cartel: poster.
Composición: composition.
Cuzco: a city from Peru.
Demandas: demands.
Entorno: environment.
Excursión: excursion.
Huertos: vegetable patch.
Implacable: ruthless.
Intrigado: intrigued.
Judicial: judicial.
Meditar: to meditate.
Oportunidad: chance, opportunity.
Perspectiva: perspective.
Sitios turísticos: tourist places.
Recorrido: route.
Recuerdos: memories.
Remordimientos: remorse.
Tiempo libre: free time.

Travesía: crossing.

Tribunales: courts.

Trayecto: way, line.

Van: car.

Preguntas:

1. ¿Cuál es la profesión de Kike?:

-Médico.

-Abogado.

-Juez.

(Opción 1)

2. ¿En qué ciudad queda la montaña de siete colores?:

-Lima.

-Chiclayo.

-Cuzco.

(Opción 3)

3. ¿Por qué la montaña de siete colores recibe ese nombre? Explique.

Chapter 14

La nueva vocación

Summary:

Juan is one of those guys who enjoys having different hobbies and is looking for an activity that he finds fun as well as challenging. Photography suddenly appeared in his life and now he is in the process of learning more about it.

-Me gustaría hacer algo mucho más, digamos, divertido. Algo que me haga aprender, practicar y que pueda ver el progreso que tenga con el tiempo.

-¿Y qué opciones tienes? –intervino un amigo de Juan.

-Pues, no lo sé, la verdad. He hecho deportes de todo tipo. Mi última obsesión fue la **natación**. ¿Recuerdas que pasaba horas nadando?

-Sí, sí. Pero, mmm, creo que tendrías que buscar algo que sepas que podrás ser **constante** y que de verdad te apasione.

Eso último dejó pensando a Juan. En pocas palabras, tenía que dejar de dar vueltas y creer seriamente en algo que lo ayudará a relajarse del trabajo y que también lo hiciera sentir con ganas de aprender y mejorar.

Un día, se sentó en frente de su ordenador para encontrar algo que le llamase la atención: rugby, **fútbol sala**, remo, tejido con crochet, **pintura al óleo**... Revisó opciones, pero en un momento no hubo nada que le gustase.

Sin embargo, antes de apagar todo e irse a dormir, encontró un anuncio en su perfil de Facebook. Se trataba de unos cursos de fotografía.

A primera vista, no le pareció demasiado interesante, pero hizo clic para conocer la información que estaba disponible. Se convenció a sí mismo que debía dar una oportunidad.

Los cursos están dictados por un fotógrafo profesional y estos se dividirán en varias partes para que el contenido fuese más fácil de entender para los participantes. El único requisito, según el anuncio, era tener móvil con cámara. Nada más.

-A ver, a ver... No es muy caro y solo necesito el móvil para tomar las fotos. Creo que no tengo que pensarlo mucho.

La primera parte del curso sería en una de las plazas más populares de la ciudad. Al llegar, Juan se encontró con un grupo de **aficionados** como él, algunos con pequeñas cámaras digitales y otros con el móvil.

-¡Buenos días, grupo! Qué bueno que todos estén aquí.

Pues, antes que nada, bienvenidos a la primera clase. Hoy aprenderemos los **fundamentos** básicos de fotografía, ¿vale?

Juan se sintió muy entusiasmado, así que escuchó atentamente lo que decía el profesor.

-Ahora –dijo el profesor, hay un término que tenemos que saber porque es muy importante para tomar buenas fotos: la **exposición**. La fotografía consiste en "pintar" con la luz, es decir, para lograr una buena imagen, es necesario saber la cantidad de luz que captura la cámara.

El profesor hizo una pausa porque se trataba de un concepto difícil de entender, al menos a la primera.

-Vale, vale. Voy demasiado rápido, mejor hagamos una práctica y compartamos las fotos. Bien, escojan un lugar de la plaza, el que consideren bonito o interesante, y comiencen a tomar fotos. Venga.

Juan se quedó en medio de la plaza mientras pensaba qué lugar podría ser el ideal. Era seguro que el resto se fuera hacia los árboles y flores, así que decidió que sería buen plan retratar los detalles **arquitectónicos** del sitio.

Se imaginó a sí mismo como esos fotógrafos que se echan al suelo para hacer las mejores tomas. Ponía expresión de concentración porque de verdad estaba **comprometido** con la tarea. Sin embargo, algunos minutos después, todos volvieron a reunirse para recibir los comentarios del profesor.

Algunas observaciones iban y venían, cada quien trataba de entender lo mejor posible lo que le decían. En el caso de

Juan, los intentos estaban bien, pero tenía que mejorar algunas cosas, pues, como todos.

Juan estaba motivado y pasó el resto del día con las prácticas y también pidiendo sugerencias para mejorar cada vez. Estaba decidido en dar lo mejor de sí mismo.

Las otras dos partes de los cursos se dividieron en un salón, para estudiar las imágenes de todos con más calma, y los exteriores para seguir explorando nuevas técnicas en la práctica.

Al término de esos cursos, el profesor se mostró orgulloso de los **avances** del grupo. De hecho, entregó los diplomas y dedicó felicitaciones para cada uno. Pero, cuando llegó el turno de Juan, el profesor dijo palabras que lo **conmovieron**:

-Estimado, Juan. Estoy muy contento por todo lo que aprendiste a lo largo de estos cursos. Creo que tienes un talento que podrías explorar. ¡Gracias por participar!

Juan recibió su diploma y tomó asiento mientras seguía ese pequeño evento. Justo en ese momento pensó que eso ya era más que un **pasatiempo**, ahora la fotografía pasó a ser una pasión, una **vocación** que lo hacía **sentir pleno**.

Entonces, tras regresar a casa, se sentó en el ordenador y se animó a revisar algunas ofertas de cámaras digitales. Quería comprar algunos equipos porque estaba listo para emprender un proyecto personal que fuera artístico.

Algunas luces, una buena cámara y un **trípode** sencillo,

pero que fuera **resistente** para poder llevar a donde quisiera. Además, una mochila y una variedad de lentes para jugar con efectos.

Con el paso de los días, Juan se entregó a todo lo que tenía en mente: quería hacer retratos de espacios naturales. De hecho, tenía un punto interesante en donde quería comenzar, unas **cascadas** de un parque cercano.

Preparó todos los equipos y partió hacia el parque. Se fue bien temprano para poder aprovechar la luz de la mañana, la mejor para hacer cualquier tipo de trabajos.

Escogió una piedra grande, de **superficie** plana, para dar estabilidad al trípode. Buscó el mejor ángulo y preparó la cámara con un **temporizador** especial. Se apartó un poco y respiró profundo, estaba nervioso porque estaba tomando en serio lo que hacía.

Pasó un par de horas tomando fotos, no solo en la cascada, sino también en otros espacios del parque. Animales, gente paseando, **campos abiertos** verdes que parecían **resplandecer** ante el brillo del sol.

Decidió caminar un poco más y cuando se encontró satisfecho, recogió sus cosas para ir a casa. Mientras lo hacía, tuvo una sensación de tranquilidad. Por fin encontró algo perfecto para él.

Glosario:

Aficionados/aficionado: amateur, non-professional.

Arquitectónico/arquitectónicos: architectural.

Avances/avance: advance, progresss.

Campos abiertos/campo abierto: open field.

Conmovieron/conmover: move, touch.

Comprometido: committed.

Constante: constant, regular.

Fútbol sala: indoor football.

Fundamentos/fundamento: basis, foundation.

Estabilidad: stability.

Exposición: exposure.

Natación: swimming.

Pintura al óleo: oil painting.

Remo: rowing.

Pasatiempo: hobbie.

Resistente: resistant.

Resplandecer: glow.

Superficie: Surface.

Temporizador: timer.

Trípode: tripod.

Vocación: vocation, call.

Preguntas:

1. ¿Cuál fue la última obsesión que tuvo Juan?:

-Polo.

-Tenis.

-Natación.

(Opción 3)

2. Señale la nueva actividad que se convirtió en la pasión de Juan:

-Cocina.

-Fotografía.

-Costura.

(Opción 2)

3. Según lo que dijo el profesor en las clases de fotografía, qué elemento era fundamental aprender:

-Exposición.

-Fotografiar naturaleza.

-Tomar más fotos.

(Opción 1)

Chapter 15

Cambio de rutina

Summary:

Vanessa is a responsible, dedicated and punctual accountant. However, she feels that her life is reduced to her job and her house. Therefore, she is on a quest to make things a little more exciting and fun.

Vanessa, la mayor de tres hermanas, siempre destacó por ser responsable y dedicada a los estudios. Sus padres **notaron** con rapidez esas valiosas cualidades y trataron de cultivarlas lo mejor que pudieron.

A medida que iba creciendo, fue claro que Vanessa se convirtió en un ejemplo para sus hermanas y compañeros de clase. Tenía el mejor promedio de la institución y ganaba competencias debido a su **intelecto**.

Con el paso del tiempo, siguió **cosechando** éxitos al punto de ganar una **beca** en una universidad de excelencia. Vanessa escogió Contaduría porque los números siempre fueron lo suyo y además quería un trabajo que fuera tranquilo.

No tardó demasiado en encontrar el trabajo ideal: una buena empresa que le daba posibilidades de crecimiento a sus empleados, buen sueldo, buenos beneficios y compañeros amables. La verdad, no se podía quejar. Era un buen ambiente laboral.

Las cosas estuvieron bien por un tiempo. Incluso, Vanessa desarrolló una rutina a **rajatabla**: se levantaba a las seis de la mañana, preparaba la cafetera y se metía a bañar. Se tomaba el tiempo que fuese necesario y luego salía a la cocina para desayunar y tomar el café recién hecho.

Después de ese ritual, se vestía y conducía hasta el trabajo. Ponía alguna radio con canciones de los ochentas e iba tarareando hasta llegar. Saludaba a los vigilantes y subía hasta su oficina, cuando aún era muy temprano.

Sin embargo, Vanessa comenzó a sentir cómo las cosas se volvían **monótonas**. Lo que antes disfrutaba mucho, ahora le parecía aburrido.

Un día, luego de regresar del trabajo, aparcó el coche y se bajó mucho más desanimada que antes. Era una sensación desagradable y tenía ganas de descubrir qué podía hacer para sentirse mejor.

Tras meditar lo suficiente, Vanessa estableció que, al

menos, probaría con tres cosas que jamás hubiera pensado hacer: **alfarería**, hacer un pequeño viaje en helicóptero y hacer una clase de cocina. Actividades diferentes entre sí, pero que prometían ser interesantes. La sola idea le entusiasmó demasiado.

Ella, tan metódica como era, planificó sus actividades según el tiempo que le dejara el trabajo. Llevaba consigo un cuaderno para anotar cada paso y no perderse de nada.

-Bueno, hoy empiezo con mi clase de cocina... Mmm, hoy toca panadería. A ver cómo salen las cosas.

La clase fue en un **instituto culinario** no muy lejos de su casa. Solo le tomó unos minutos cambiarse y prepararse para asistir. Estaba nerviosa y también ansiosa.

Al llegar, el profesor (que también era un chef importante), los esperó a todos con los ingredientes de las prácticas en una mesada de aluminio.

-Bueno, chicos. Hoy haremos pan. Como podrán ver, tienen varios ingredientes para que hagamos diferentes tipos de pan. Levadura fresca, harina, huevos, aceite de oliva, leche y semillas de sésamo para que hagamos una linda decoración. Entonces, ¿están listos?

Todos tomaron sus delantales. Vanessa se **ubicó** en un extremo de la mesa y comenzó a seguir las instrucciones para la preparación de un pan rústico.

Mientras lo hacía, no pudo evitar ser un desastre, pero no se angustió, sino que disfrutó cada proceso como si estuviera en un juego. Luego de seguir la guía de su profesor, llevó su creación al horno y esperó a que estuviera listo. Mientras, hablaba con sus compañeros que, al final, le resultó como gente divertida.

Al regresar a casa, Vanessa iba picoteando el pan que había hecho. Estaba orgullosa y no podía esperar por la próxima aventura: la alfarería.

La clase la tuvo con una chica de aspecto relajado y con ropas flojas y de colores. Vanessa tomó asiento en un pequeño banco de madera hasta que el torno quedó frente a sus manos.

-Bien –comenzó a decir la profesora-, pongan un pedazo de arcilla y coloquen el pie en un pedal que está en la base del torno... Muy bien. Ahora, a trabajar.

El proceso fue mucho más complicado. Vanessa no entendía bien las instrucciones y a veces se frustraba, pero luego recordaba que el objetivo era aprender y hacer cosas diferentes. Entonces, volvió a relajarse y fue allí cuando empezó a pasarla muy bien.

Como en la clase de panadería, Vanessa regresó a casa con su creación, esta vez, una pequeña taza de barro cocido con dibujos y formas geométricas.

-Esta será mi nueva taza de café. ¡Decidido!

Ahora faltaba lo tercero, la gran aventura, lo más emocionante: el paseo en helicóptero. Para ello, era necesario tener un poco más de organización. Hacer un espacio en la agenda y así poder disfrutar bien.

Según un aviso que le enviaron por correo, el recorrido comenzaría en un punto **céntrico** de la ciudad y darían algunas vueltas para conocer rascacielos y también algunas zonas importantes. Vanessa, por supuesto, estaba más que fascinada.

La salida fue un sábado por la mañana, bien temprano. Ella fue a un edificio ya que allí sería la salida. Al llegar, encontró a una pareja recién casada que también estaban en el lugar para celebrar el inicio de su luna de miel.

El instructor se apareció poco después y los reunió para explicarles lo algunos datos de seguridad:

-Creo que eso es todo. ¿Estamos listos para comenzar?

Todos, al **unísono**, respondieron con un sí.

Se subieron y cuando comenzó el despegue, Vanessa sintió un frío en el estómago, era la emoción de saber que estaba haciendo algo que nunca imaginó.

El recorrido fue más que encantador, todos tomaron fotos, rieron y compartieron. Ella, mientras tanto, no podía suponer que la vista hacia la ciudad fuera tan hermosa. El cielo despejado, el sol brillante y el paisaje urbano. Era un sueño.

El recorrido terminó con una comida y como **congeniaron** tan bien, que intercambiaron números y prometieron planificar otro encuentro como ese.

Vanessa regresó a casa en la noche y con adrenalina en el cuerpo. Esos días fueron los mejores que tuvo en mucho tiempo y luego de pensarlo mucho, se prometió que no volvería a caer en la rutina. Nunca más.

. . .

Glosario:

Alfarería: pottery.

Beca: scholarship.

Céntrico: central, could be either downtown.

Congeniaron/congeniar: get on.

Cosechando/cosechar: harvesting, harvest.

Instituto culinario: culinary institute.

Intelecto: intellect.

Monótonas/monótono: monotonous, dreary.

Metódica/métodico: methodical, organized.

Notaron/notó: notice.

Rajatabla: strict, rigorous.

Unísono: unison.

Preguntas:

1. Según el texto, ¿qué tipo de estudiante era Vanessa en el colegio?:

-Buena estudiante.

-Estudiante promedio.

-No le prestaba atención a los estudios.

(Opción 1)

2. ¿Cuáles fueron las actividades que hizo Vanessa para salir de la rutina?:

-Una clase de cocina, alfarería y un paseo en helicóptero.

-Clase de cocina, bordado y una salida al cine.

-Paseo en helicóptero, adoptó un perro y una clase de cocina.

(Opción 1)

3. Según lo leído, ¿cómo fue el paseo de Vanessa en helicóptero? Explique.

Chapter 16

Oriana y el mundo perdido

Summary:

Oriana is a staunch adventurer. She is always ready to embark on her next journey and this time, she will go to one of the most fascinating places on earth: Mount Roraima. It is an exploration that she has wanted to do since she was a child, mainly because this place was the inspiration for Sir Arthur Conan Doyle's work, The Lost World.

-Creo que estos zapatos serán perfectos para el ascenso. Mmm, ¿qué más? Siento que me hace falta llevarme otra cosa.

Oriana estaba empacando para lo que sería uno de los viajes más importantes de su vida. Uno en el que pondría en práctica todas esas enseñanzas que su padre le inculcó de chica y que ella misma ganó con el tiempo.

La decisión la tomó al limpiar su biblioteca un día frío de invierno. Mientras **desempolvaba** algunos libros y cuadernos de viaje, encontró un tomo de **El mundo perdido** que recibió en su cumpleaños número ocho.

Lo cierto es que, apenas se dispuso a leer algunas páginas, sintió una nostalgia tremenda por su infancia y por las aventuras que compartió con su padre, quien falleció cuando ella era una adolescente. Entonces, en un impulso, llamó a su agencia de viajes. Iría al mundo perdido.

El **monte Roraima** era el destino y ya llevaba varios días leyendo al respecto. Quería informarse tanto como fuera posible para así tener todo preparado y disfrutar a pleno de ese lugar que siempre le intrigó y maravilló.

-Este viaje será para los dos, papá –dijo cuando terminó de guardar el último par de zapatos en el bolso.

Sería un viaje de varias escalas. Oriana estaba segura de que tendría que ser paciente, sobre todo porque había pasado un tiempo considerable desde la última vez que emprendió una marcha importante.

Sin embargo, llevaba consigo ese libro tan especial y la emoción de encontrarse con Roraima. Mientras, seguía leyendo e informándose.

El monte Roraima recibe otros nombres como **tepuy** Roraima o cerro Roraima y, según estudiosos, es el punto más alto de la cadena de montañas **tabulares** o tepuyes, de la sierra Pacaraima, en América del Sur. Fue explorado por primera vez en Mil quinientos noventa y seis y su área se extiende por tres países: Venezuela, Guyana y Brasil.

Entre otras generalidades que Oriana encontró interesante, fue lo siguiente: Roraima es una de las formaciones más antiguas del planeta. Se cree que su origen es del Precámbrico, o sea, que data de unos dos mil millones de años.

Esos datos dejaron boquiabierta a Oriana. Se preguntó cómo serían las cosas en un lugar como ese, tan lejano, tan remoto. ¿Habría seres fantásticos? ¿Monstruos fascinantes? ¿Animales mitológicos? ¿Flores exóticas? Todas esas preguntas la hicieron sentir como una niña.

Tras largas y exhaustivas horas, Oriana finalmente llegó a Santa Elena de Uairén, una ciudad ubicada al sureste de Venezuela y el punto de partida para su exploración. Era un paraje tan frecuentado por turistas y viajeros, que Oriana encontró todo dispuesto para que pudiera comenzar la travesía. Sin embargo, creyó que era más conveniente descansar y así empezar al día siguiente con más energías.

Luego de una cena **frugal**, Oriana se reunió con otros viajeros alrededor de una fogata que armaron a poca distancia de las cabañas que servían de hospedaje. Allí conoció a grupos que provenían de todas partes del mundo. Todos compartían la fascinación por ese lugar y Oriana se sintió más acompañada que nunca.

El despertador sonó muy temprano a la mañana. No

había tiempo que perder, así que Oriana se levantó de la cama como si fuera la mañana de Navidad.

Luego de un buen desayuno, se puso la mochila y se incorporó al primer grupo guiado por una pareja de **indígenas pemones**, locales que conocían bien el sitio y su historia.

El sol de ese día era espléndido y el cielo estaba despejado. Además, hacía una brisa fresca y agradable. Oriana sintió que estaba en el mejor momento para estar allí.

Al cabo de unos minutos, llegaron a un par de helicópteros que los acercarían más hacia Roraima. Los organizaron por grupos para que la logística fuera mucho más sencilla y práctica de ejecutar.

Oriana tuvo la suerte de quedar cerca de la venta, así que pudo ver el paisaje aéreo mientras llegaban a las cercanías del Roraima. Ni en sus sueños más locos, imaginó encontrarse con un lugar tan hermoso como ese.

Llegaron y volvieron a reunirse para compartir impresiones. Los guías les dieron unas instrucciones para cuando sintieran cansancio y/o sed.

-¡Vamos! –dijo uno de los guías y comenzó la exploración.

La travesía parecía fácil, pero realmente fue un reto para todos. Cruzar ríos en calcetines para no resbalar, subir pendientes, pasar por cascadas con piedras que no paraban de moverse, caminos llenos de barro e insectos que pican **por doquier**.

A veces, el calor era insoportable, así como la lluvia y el

frío intenso por la noche. Oriana, si bien estaba lista para todo, experimentó un poco de desesperación al sentir que no sería capaz de completar el viaje. Por dentro, temía decepcionar a su padre.

Sus compañeros y los guías se alentaban entre sí y prestaban **primeros auxilios** a quien lo necesitase. Además, el compañerismo era fuerte y hacía que todo fuese más llevadero.

Pero, el logro más grande para Oriana y sus compañeros, fue ascender finalmente a la cumbre de Roraima. Si los paisajes ya eran hermosos e imponentes de por sí, el tope del tepuy más alto de la sierra, parecía salido de un cuento fantástico.

El **ecosistema** es uno de los más antiguos del mundo y sigue **subsistiendo** a pesar del tiempo. Las flores, plantas y animales son sorprendentes. Para Oriana, tuvo todo el sentido que sir Arthur Conan Doyle, así como otros autores, se hayan inspirado en un lugar tan increíble como ese.

Tras tomar fotos para su álbum, Oriana decidió tomar un descanso en una de las piedras de la cumbre. Miró hacia el horizonte y sintió una paz que no había sentido nunca.

-Este viaje es para los dos, papá. Gracias por acompañarme siempre.

Lloró un poco y luego sonrió. Aún seguía sin creer que estaba en el mundo perdido.

. . .

Glosario:

Acérrimo/acérrima: obstinate,

Desempolvaba/desempolvar: dust off.

El mundo perdido: The Lost World, science fiction writing by sir Arthur Conan Doyle.

Ecosistema: ecosystem, organism and their physical environment.

Frugal: frugal, spartan, sparing.

Indígenas pemones: local indigenous from the Roraima zone.

Monte Roraima: mount Roraima, it's the highest point of the Parakaima chain tepuis in South America.

Por doquier: everywhere.

Primeros auxilios: first aid.

Subsistir/subsistiendo: subsist.

Tabular: tabular, related to a table form.

Tepuy/tepuyes: is a table-top mountain found in Venezuela, Guyana, and Brazil.

Preguntas:

1. La ciudad en la que llega Oriana para emprender su viaje se llama:

-Caracas.

-Maracaibo.

-Santa Elena de Uairén.

(Opción 3)

. . .

2. Los guías del grupo de viajeros que irían al monte Roraima son:

-Indígenas pemones.

-Indígenas wayúu.

-Indígenas caribes.

(Opción 1)

3. El monte Roraima pertenece a la siguiente cadena de montañas:

-Sierra Madre.

-Sierra Paracaima.

-Cordillera de los Andes.

(Opción 2)

Chapter 17

En la pista de baile

Summary:

José and Andrea are a couple who are just beginning to date, therefore, they are in the phase of getting to know each other better. José is very excited about Andrea and discovers that, among other things, she also enjoys dancing. So, he intends to learn and thus surprise the girl he likes so much.

-¿Cómo la conociste? –preguntó un amigo de José.

-Pues, por Tinder. Un día estaba aburrido y vi su foto. Me pareció muy maja y le di un me gusta sin esperar demasiado. No me imaginé que una chica como esa me diera alguna oportunidad.

-¿Y qué pasó? Cuenta, cuenta –insistió su amigo. Era obvio que estaba interesado en saber más al respecto.

-Y bueno, **tío**. Resulta que nos gustamos y aproveché para enviarle un mensaje. Algo me dijo que no podía perder tiempo. Resultó que la chica es un encanto. Quedamos en vernos y te digo algo, es hermosa y muy dulce.

José hablaba de Andrea y fácilmente se le podía ver ese brillo de ilusión en los ojos. Estaba entusiasmado y era notable.

Andrea le parecía una chica activa, graciosa, un poco malhumorada, pero amable y dulce. De hecho, cada vez que salían juntos, descubría algo sobre ella que lo dejaba **deslumbrado**. Cada detalle sobre Andrea, además, lo tomaba en cuenta.

Una noche, durante un encuentro, Andrea le comentó un dato que le pareció interesante:

-Tengo muchas ganas de ir a bailar.

-¿Ah sí? ¿Bailas?

-¡Me encanta! La salsa y el merengue son mis ritmos favoritos. Me parecen lindísimos y como que, no sé, te inyectan de alegría.

José se quedó en silencio porque recordó que tiene **dos pies izquierdos**. Bailar no era una habilidad de la que necesariamente se sintiese orgulloso. Así que comenzó a idear un plan para conquistarla y así probar algo nuevo.

Un par de días después de esa cita, José fue a una academia de baile que quedaba más o menos cerca de su trabajo. En cuanto entró, se encontró con niñas vestidas con tutús de colores, señores y mujeres preparándose para sus clases. Todo el ambiente lo intimidó un poco y tuvo ganas de salir corriendo.

Su instructor de baile, Pedro, era un cubano que llevaba unos veinte años dando clase de salsa, merengue y **danzón**. Era un tipo disciplinado, organizado y muy paciente con sus estudiantes.

Tanto José y Pedro estuvieron conversando un poco. José le explicó, con un poco de vergüenza, que no sabía bailar.

Pedro lo miró fijamente, le sonrió y luego le dijo:

-No te preocupes de que saldrás de aquí como todo un experto.

-Es que... A ver... Quiero aprender a bailar porque me gusta una chica. La quiero impresionar.

José se **ruborizó** y Pedro comprendió la principal motivación. Entonces él, a sabiendas de la importancia del romance, se animó mucho más.

-Ven mañana a las ocho en punto. Comenzaremos con los pasos básicos y otros trucos para que te sientas más confiado en la pista de baile, ¿vale?

-Vale.

José salió de allí sintiéndose un poco más optimista, pero sabía que tendría que ser constante y enfocado. De lo contrario, todo esfuerzo no tendría sentido.

Luego de pasar un arduo día de trabajo lleno de complicaciones y un tráfico que casi le hizo llegar tarde, José pudo entrar al salón en donde Pedro ya estaba presentándose a sus estudiantes. Debido a su retraso, se ubicó al final del salón y se dispuso a observar todo con cuidado.

-Bien, chicos, estos son los pasos que debemos aprender. Son fundamentales, ¿vale? Así... Venga, 1,2,3,4... ¡Vuelta! Muy bien... Cadera, cintura. Fijaos en los pies. Cuidado con los pies y energía. ¡Energía!

Pedro se movía se deslizaba por el suelo como si flotara. La gente lo seguía con cierta dificultad, pero algunos lograban el objetivo sin problemas. Sin embargo, no fue lo mismo para José quien estaba sufriendo por su falta de coordinación.

-Mírame, José. Pon mucha atención... Así, así... No, no. Con cuidado, así. Bueno... Paciencia, ¿vale?

Pedro trataba de ayudarlo lo mejor posible, pero José parecía sentir que le costaba mucho y que en cualquier momento iba a **tirar la toalla**.

Luego de una hora de vueltas, cadera y cadera, más cintura y pies y todo lo demás, José salió de clase con desilusión, pero al ir hacia el subterráneo, recibió un mensaje de Andrea:

-¡Hola, guapo! ¿Qué tal si salimos a bailar el próximo fin de semana? ¿Te animas?

Él sintió un poco de preocupación, pero pensó que Andrea lo valía. Lo intentaría por ella y por querer probar algo distinto, así que accedió a la propuesta.

Los días transcurrieron y la determinación de José era admirable. Cada paso que le costaba, lo intentaba de nuevo hasta que le salía a la perfección. Pedro, por su parte, se sentía orgulloso de su alumno, por lo que procuró enseñarle más cosas.

El día de esa cita especial estaba acercándose y José se sentía más seguro que nunca. Se movía por la calle con una linda actitud y moría por mostrarse a sí a Andrea.

Acordaron verse el viernes en la noche y José decidió quedarse una hora más de su clase para **pulir** sus habilidades.

-Bueno, José, ahora tienes todo para pasarla bien y conquistar a esa chica. ¡Mucha suerte! –Pedro le dio un abrazo a su alumno y José se sintió listo para el encuentro.

Él pasó a buscar a Andrea y luego de saludarse, fueron a ese sitio que ella tanto quería ir. Estaban emocionados por compartir algo nuevo juntos.

Llegaron a la pista y apenas sonó una canción de la **Fania,** un grupo musical que se hizo popular a finales de los 60, José le tomó la mano a Andrea y comenzaron a bailar. Los dos sonreían, se miraban con amor y parecía que eran los únicos que estaban allí.

-¡No sabía que bailabas tan bien! –dijo Andrea con una sonrisa en los labios.

-Me inscribí en unas clases de baile. Quería que lo pasáramos bien juntos y estoy feliz de verte así, sonriente.

-¿Lo hiciste por mí?

-Sí –respondió él un poco sonrojado.

Ella lo abrazó y lo besó. Estaba conmovida por semejante gesto. José, mientras tanto, se sentía más feliz que nunca.

. . .

Glosario:

Danzón: is the official music genre and dance of Cuba.

Deslumbrado/deslumbrar: dazzled, bedazzle.

Dos pies izquierdos: two left feet, a person who dances badly.

Fania (All-Stars): a musical group formed in lates 60s. The members were considered the best Latin Music performers of the time.

Pulir: polish.

Ruborizó/ruborizar: blush, blushed.

Tío: dude, pal.

Tirar la toalla: give up.

Preguntas:

1. José se inscribió en clases de:

-Alfarería.

-Cocina.

-Baile.

(Opción 3)

2. ¿Cómo se llama el instructor de baile de José?:

-Samuel.

-Gustavo.

-Pedro.

(Opción 3)

3. La Fania es:

-Un grupo de baile.

-Un grupo de salsa.

-Un grupo de merengue.

(Opción 2)

Chapter 18

¿Qué podemos hacer para mejorar?

Summary:

Natalia is a Human Resources (HR) manager and she had everything ready to rejoin after a vacation. However, she started the Covid-19 pandemic and everything she considered normal changed. The activities ceased in the office and now everything is done remotely. Now, Natalia's duty is to make sure that everyone can communicate and remain comfortable despite the social distance.

Era su último día en el Caribe y Natalia decidió que haría lo posible por disfrutarlo hasta el final. Por ello, se levantó bien temprano, se puso el mejor bikini, tomó un buen desayuno y bajó directamente a la playa. Apenas estaba saliendo el sol y era la mejor hora para disfrutar de un paisaje como ese.

Tenía los pies en la arena blanca y **tibia**, jugaba con ella un poco, como si fuera una niña. Pero la mejor parte era ver ese mar extenso, turquesa y esas suaves olas blancas que dejaban una espuma delicada en la orilla.

Se puso las gafas de sol y se dedicó a admirar el paisaje con toda la calma del mundo. Era el momento perfecto en el que agradecía cada minuto de estar allí.

Ese instante quedó en el pasado cuando estaba en el avión de vuelta a la ciudad y al caos. Sus eternos compañeros.

Aunque el regreso no la tenía demasiado feliz, tuvo la **precaución** de llegar una semana antes de comenzar el trabajo. Así tendría tiempo suficiente para hacer los preparativos en la oficina. Como **gerente** de **Recursos Humanos**, sabía que había que atender algunos nuevos ingresos, **coordinar** reuniones con los demás gerentes y una lista **interminable** de obligaciones.

Pasó un par de días y recibió la noticia, como el resto del mundo, de la aparición de un virus extraño del que apenas se comenzaban a conocer los síntomas. De resto, era casi como caminar en medio de la oscuridad.

Natalia escuchaba todo en completo silencio, aterrada. Era una enfermedad que se extendía a todas partes del mundo con mucha rapidez y sin aparente solución a la vista.

Como era de esperarse, declararon la pandemia, y **posteriormente** una **cuarentena**, faltando poco para que fuera a la oficina a **retomar** sus actividades de siempre. En ese momento, Natalia supo que nada sería igual y que tendría que prepararse.

-Vaya, ¿y ahora qué hago?

No solo tenía que **sobrellevar** la presencia de un virus desconocido y que alertaba a los médicos de todo el mundo, en frente de sus narices tenía un problema que atender: ¿Cómo resolvería los asuntos de la oficina, pero sin poder ir a ella?

Lo primero que hizo fue hablar con los jefes de **departamento**. Todos parecían estar **desconcertados** como ella, pero lo importante era encontrar las mejores opciones para mantener la actividad, pero con todas las medidas de seguridad posible.

Pero el reto de Natalia era tratar de **conciliar** los ánimos y las tareas de los diferentes grupos sin poder establecer una comunicación en personal. Eso le causó una gran angustia porque no supo cómo **abordar** el problema. Quiso más que nunca regresar a ese momento en el que estaba disfrutando de esa playa hacía semanas atrás.

A pesar de la preocupación que eso le causaba, **se puso manos a la obra**. Lo esencial era mantener las comunicaciones entre todos, así que preparó una especie de manual de operaciones en el que dejaba claras instrucciones de lo que debía hacerse a partir de ese momento: continuarían las **actualizaciones** por correo electrónico y las reuniones se harían por Zoom, una plataforma de videochat que podía adecuarse a cada departamento, sin problemas.

Cada conferencia se grabaría y se guardaría en **una carpeta** para tener el respaldo cuando fuera necesario. Incluso, hasta ideó una manera de hacer cursos y talleres por el mismo medio, con el fin de no sacrificar la educación de los empleados.

Por momentos, parecía tener un panorama claro de las cosas, pero había días en que la propia cuarentena. Era agotador y se sentía limitada.

-El fin de esta reunión es para mantenernos al día. Sé que a muchos de ustedes les está afectando el encierro, por ello hoy no hablaremos de trabajo. Hoy compartiremos nuestras emociones. ¿Vale?

Muchos de sus compañeros se sintieron extrañados, pero para Natalia tenía todo el sentido. El propósito era **exteriorizar** las experiencias a raíz de la cuarentena y la pandemia y, quizás, compartir algún consejo para llevar las cosas con más ánimo.

-Me siento mal. A veces me cuesta salir de la cama –dijo uno.

-Pues, eso me pasaba al principio de la cuarentena. Ahora, aprovecho el balconcito de mi piso y tomo el sol cuando sale. Me ayuda mucho a sentirme mejor –agregó otra.

Debido a la **efusividad** de las respuestas, Natalia se aseguró de repetir esa misma actividad semanalmente. Con esto, ella alcanzaría dos objetivos: sería capaz de revisar el estado de los empleados y, en casos graves, ofrecer ayuda profesional.

La cuarentena se extendió por varios meses, por lo que Natalia ideaba planes para que los departamentos no perdieran la dinámica de trabajo, pero que también todos estuvieran tranquilos dentro de lo posible.

Con la apertura de ciertas actividades, fue mucho más fácil. Natalia procuró hacer más reuniones sociales y la razón era sencilla: era importante que se retomara ese aspecto para que el eventual regreso a la oficina fuera más fácil y cómodo.

Pasó un poco de tiempo y gracias a las vacunas, la oficina abrió sus espacios, pero con algunos cambios importantes: se abrió un departamento de ayuda psicológica, se estableció un modelo de trabajo **híbrido** (presencial y trabajo desde casa) y estaba avanzando la propuesta de trabajar cuatro días a la semana, siempre y cuando se mantuvieran los niveles de productividad.

-Estos tiempos han sido complicados para mí, pensé que no sería capaz de cumplir con mis funciones, pero creo que se pudo.

-Claro que sí, Nati. –Respondió un compañero de Natalia –Nadie estuvo preparado para esto, pero, por suerte, esto nos ayudará a mejorar las cosas. ¿No crees?

-Eso espero. Pero, por lo pronto, estamos aprendiendo y eso es interesante.

. . .

Glosario:

Abordar: approach.

Actualizaciones: updates.

Cuarentena: quarentine.

Desconcertado: disconnected.

Departamento: section.

Conciliar: reconcile.

Coordinar: to coordinate.

Efusividad: effusiveness.

Exteriorizar: externalize.

Gerente: manager.

Híbrido: hybrid.

Interminable: endless.

Pandemia: pandemic.

Posteriormente: subsequently.

Precaución: caution.

Recursos Humanos: human resources.

Reintegrarse: rejoin.

Remota/remoto: remote.

Retomar: return.

Se puso manos a la obra: hands on deck.

Sobrellevar: endure.

Una carpeta: a folder.

Preguntas:

1. Natalia es gerente de:

-Contabilidad.

-Comunicaciones.

-Recursos Humanos.

(Opción 3)

2. ¿Qué plataforma usó Natalia para comunicarse con sus compañeros de trabajo?

-Skype.

-Zoom.

-Ninguno.

(Opción 2)

3. ¿En qué lugar Natalia pasó sus vacaciones antes de la pandemia?

-El Caribe.

-Francia.

-En las montañas.

(Opción 1)

Chapter 19

¡Manos a la obra!

Summary:

Karina was always overweight, but she is determined to change her lifestyle because she wants to feel healthier and more energetic. It will cost her a bit, but she will realize that, with perseverance and effort, she will achieve her goals.

La **báscula** no mentía. Las comidas y las celebraciones durante Navidad y Año Nuevo no pasaron en vano: Karina había aumentado considerablemente de peso y eso terminó por hacerla sentir más deprimida porque de por sí, ya estaba **lidiando** con ese problema.

Se miró en un espejo que tenía en su habitación. La intención era estudiar con **detenimiento** su cuerpo y ver qué partes le gustaría mejorar. Pero lo cierto fue que no se sintió motivada para nada, seguía triste con esa noticia.

Para colmo, también notó otras cosas más: se cansaba mucho más, le costaba dormir y en ciertos puntos del día, tenía la sensación de que no tenía energía para más.

Karina comenzó a contemplar la posibilidad de hacer un cambio drástico con su vida, ya no quería estar en la misma situación, pero también recordó que debía dejar atrás hábitos que no le estaban haciendo bien.

Ya no era una cuestión de verse como las chicas de las revistas, siempre lindas y espléndidas, la situación era más compleja y requería de paciencia, sobre todo. No sería algo que se resolvería de un día para el otro.

Al final, respiró profundo. Ese cambio ya no podía esperar más porque, de lo contrario, solo lograría sentirse peor consigo misma.

Pocos días después, fue a un **nutricionista** para que le diera las mejores opciones al respecto. No quería tener que lidiar con fraudes ni nada por el estilo, mientras mejor fueran las cosas, lograría mejores resultados.

-A ver, Karina. Súbete a la báscula y así vemos cuál es tu peso actual. De ahí, partiremos sobre cuánto debería ser tu peso ideal, ¿vale?

Karina estaba asustada y avergonzada. Por alguna razón, no quería ver los números y deseaba que todo pasara rápido. Mientras, el doctor iba anotando todo con cuidado.

-¿Estoy grave, doctor? –se animó a decir ella con voz angustiada.

-Nada es grave, mientras tomemos las acciones necesarias, nada está perdido. Necesito que pienses con optimismo porque será determinante para lo que quieres hacer. Ahora, este es mi plan. Desde ya, dejar la comida **chatarra** e incorporar vegetales, legumbres y frutas. **Proteína magra** y beber mucha agua.

Karina estaba llevando un registro mental de todo lo que tenía que hacer. En varios momentos pensó que sería mucho más complicado de hacer, pero estaba motivada.

-... El ejercicio también es fundamental. Puedes escoger lo que quieras. Por ejemplo, caminar está muy bien y te ayudará a sentirte más activa.

El doctor seguía hablando al respecto, dándole más instrucciones y guías, pero se detuvo cuando miró a una Karina preocupada.

-A ver, Karina. Es natural que te cueste al principio, pero verás que tomarás ritmo dentro de poco. Es cuestión de tener paciencia. Para mí, es lo valioso.

Apenas terminó la consulta, Karina fue al supermercado para comprar algunos **alimentos** que su médico le recomendó. Tuvo que admitir que estaba un poco abrumada por todo, pero volvió a animarse. Este era un paso importante.

Llenó el carrito con zanahorias, patatas, plátanos, lechuga, col rizada, arroz integral, duraznos, leche vegetal, pollo sin piel, pescado fresco y uvas. También se llevó yogur, especias y cebolla, calabaza, arándanos y limones. Tenía una selección interesante.

Al llegar a casa, desechó sin pensar en las cajas de almuerzo, las galletas de chispas de chocolate y las **gaseosas** que estaban en el refrigerador. Luego, limpió todo y ubicó el resto de las cosas con sumo cuidado. Terminó cansada, pero feliz.

Los días transcurrieron y Karina comenzó a incorporar los nuevos hábitos con tiempo. Incluso, apartó un momento del día para salir a caminar y así disfrutar del clima de otoño.

Hubo días en los que sintió que estaba cerca de renunciar. Se le hacía complicado, sobre todo cuando tenía antojos de chocolate, pasteles y esos bollos dulces que vendían en la panadería cerca de casa. Pero cuando estaba cerca de sucumbir a la tentación, recordó esa vez que se pesó y se sintió terriblemente mal. No quería volver a ese lugar.

Karina comenzó a notar algunos cambios importantes: ya no sentía cansancio todo el tiempo y descansaba como un bebé. Nada la perturbaba ni molestaba, así que despertaba al día siguiente con mucha energía.

Pero lo mejor de todo fue comenzar a ver cómo la ropa le quedaba holgada, incluso, ya no tenía que hacer demasiado esfuerzo para vestirse.

Aunque era innegable que estaba contenta, durante el proceso, se dio cuenta de que no era solo perder peso, sino también transformar un mundo de hábitos. Si quería tener éxito, debía aprender a sostenerlos con el tiempo.

Los atracones y la desesperación por comer pilas de patatas fritas eran inconvenientes en el camino que se trazó en un principio. Sabía que la paciencia era fundamental, según su doctor, pero también debía ser amable consigo misma. Ya no había cabida para los malos tratos ni las comparaciones odiosas con esas chicas de Instagram.

Poco a poco, iba adoptando actitudes más positivas y productivas. Ir al supermercado ya no era un problema, sino un evento divertido que disfrutaba, al igual que la hora de hacer ejercicios. De hecho, hasta se animó a inscribirse en una clase de boxeo. Era más curiosidad y ganas de probar cosas nuevas.

Cada cierto tiempo, regresaba al nutricionista para tener un control de su progreso y, a diferencia de la primera vez, ya no salía con miedo o vergüenza, sino con nuevos aprendizajes. Entendía su cuerpo y lo que debía hacer para sentirse mejor.

Un día, después de salir del trabajo, decidió sentarse en un banquito en una plaza cerca de casa. Fue en ese momento, tras mucho esfuerzo, que notó que estaba más cómoda con su cuerpo. Sonrió para sí misma.

El ponerse manos a la obra en un objetivo como ese, la convenció de que era capaz de hacer lo que quisiera, cuando quisiera. La disciplina era clave y descubrió que la tenía. Karina se sintió feliz y desde ese momento comenzó a planificar su próximo reto.

. . .

Glosario:

Alimentos: foods.

Báscula: scale, bascule.

Chatarra: in this context, junk food.

Gaseosas: sodas.

Detenimiento: carefully.

Lidiando: dealing with.

Nutricionista: nutritionist.

Para colmo: on top of that.

Proteína magra: lean protein (chicken, fish).

Preguntas:

1. El médico que atendió a Karina para tratar su pérdida de peso es:

-Cardiólogo.

-Nutricionista.

-Traumatólogo.

(Opción 3)

2. Explique por qué Karina se sintió motivada a perder peso.

3. El médico de Karina le recomendó que hiciera lo siguiente:

-Que integrara verduras, vegetales y frutas a su dieta, más un poco de ejercicio.

-Que no dejara la comida chatarra y no hiciera ejercicio.

-Que comiera muy poco para que bajara de peso rápido.

(Opción 1)

Chapter 20

Después del accidente

Summary:

Rodrigo has always had an active life, but after a car accident, he is afraid to return to exercise due to a knee injury. However, he manages to overcome his fear of him and begins a recovery process that makes him stronger.

Rodrigo despertó por el sonido de la alarma que tenía en su mesita de luz. Abrió los ojos y miró hacia el techo. Tenía que ir a fisioterapia. Para él, la rehabilitación era un proceso que le costaba hacer, sobre todo después del accidente.

Hacía unos meses, chocó en la autopista con un chófer de camión que se había quedado dormido. Por suerte, supo cómo maniobrar para minimizar los daños, pero sufrió facturas en varias de sus costillas y en su rodilla derecha. Esa **lesión** lo dejó muy preocupado.

La razón era muy sencilla, desde que era un chaval, Rodrigo siempre destacó en los deportes. Le iba tan bien, que hasta recibió una beca para estudiar en una de las mejores universidades del país. Además, era algo que le apasionaba.

Tener una vida activa era algo que siempre asumió como una constante. Nunca se imaginó que un accidente pudiera truncar esa rutina que tanto disfrutaba.

Luego de hacer un poco de tiempo en la cama, Rodrigo se levantó y sintió ese pinchazo en la rodilla como casi todas las mañanas después del accidente. Suspiró y trató de no sentirse mal, pero tuvo que admitir que esa situación le resultaba **angustiosa**.

Tomó una ducha, se vistió y fue hasta el centro como desde hacía un tiempo... A pesar de estar triste, estaba determinado a retomar su vida normal, la que le causaba alegría.

Martín, el **fisioterapeuta**, era un chico joven, pero muy comprometido con su trabajo. Trataba a cada uno de sus pacientes de manera **personalizada** y con mucha atención. Él, además, seguía muy de cerca el caso de Rodrigo porque, si bien se estaba recuperando favorablemente, notó que estaba más preocupado de lo que esperaba.

Lo recibió como siempre, con una enorme sonrisa y con esos saludos que siempre hacía. Un abrazo muy efusivo.

-¿Cómo nos sentimos hoy, Rodrigo?

-Como siempre. El mismo pinchazo.

-Vale, es normal. Fíjate que esa sensación disminuyó un montón, ahora solo es una molestia. Además, tienes una condición que muchos envidiarían, pero tienes que tener paciencia con el proceso.

Rodrigo siempre escuchaba las mismas palabras, pero para él no tenía mucho sentido. Estaba harto de todo y esa era la realidad.

Entraron y comenzaron con los ejercicios. Estiramientos y unos cuantos movimientos que Rodrigo sintió más retadores, pero interesantes de hacer.

-Estos son ejercicios nuevos, como habrás visto. Tienes una mejoría impresionante y quise que probáramos con algo que te ayudara a exigirte más, pero no demasiado.

Rodrigo iba a replicar porque de verdad sentía que no avanzaba en lo absoluto. Cada lunes, miércoles y viernes era lo mismo y quería saber qué progreso veía Martín porque, para él, todo estaba igual.

Sin embargo, el tiempo pareció congelarse, algo le llamó la atención poderosamente. Incluso Martín se sintió intrigado ante semejante reacción.

Un chico, de unos ocho años, acababa de entrar al lugar. Estaba en silla de ruedas y apenas podía mover el cuello y parte del brazo izquierdo. Pero, a pesar de las lesiones que tenía, le sonreía a todo el mundo y era cordial.

-¡Eh, Martín! ¿Cómo va todo?

-¡Peque! Pues, todo muy bien. ¿Hoy con quién te toca?

-Con Adriana. Siempre me pide mucho.

-Ah, porque ella sabe que puedes dar un poco más... Venga, no pongas esa cara. Sabes que siempre puedes dar lo mejor de ti mismo.

El chico se quedó pensativo y volvió a mostrarse animado por la sesión:

-¡Tenéis razón! Hoy será un buen día.

-¡Así es, peque! Ve y antes de que se me olvide, prepárate que el miércoles tenemos un campeonato de básquet. ¿Vale?

-Vale, vale.

El chico fue hasta su madre y Adriana, quienes estaban hablando animadamente. Mientras, Rodrigo lo miró en completo silencio, sintiéndose culpable.

Martín se percató de la situación y le tocó el hombro a Rodrigo a modo de sacarlo de ese estado de silencio y de esta manera pudieran seguir con los ejercicios.

Después de ese día, Rodrigo reflexionó sobre ese chico y su propia situación al llegar a casa. Recordó el pinchazo de la mañana y las quejas que siempre hacía al respecto. Él, a pesar de todo, era un tipo con suerte y no lo podía negar. Fue entonces cuando se prometió a sí mismo que dejaría esa actitud y que se volvería más optimista y agradecido.

Ese cambio lo notó un montón de personas, incluso Martín. Rodrigo tuvo una especie de **revelación** y pensó que era momento de lamentarse por las cosas y tener una actitud más activa y liviana para enfrentar las dificultades.

Gracias a ello, Rodrigo también experimentó una mejoría física. Ese pinchazo del que se quejaba constantemente, desapareció casi sin darse cuenta. Al final, estaba contento y cada vez más cerca de retomar sus actividades, el entrenamiento que lo hacía sentir mejor que nunca.

-Bueno, Rodrigo, me alegra decirte que ya podemos darte de alta. Estás muy bien y noto que podrías retomar tus actividades. Eso sí, con cuidado siempre, pero sí, esa sería mi sola recomendación.

-¡Muchas gracias, Martín! Sé que me tuviste mucha paciencia y no sabes lo mucho que te lo agradezco. Estuve muy mal por el accidente, pero...

-Sí, sí. Entiendo. Te dije, nada más era cuestión de tener paciencia.

Para Rodrigo, toda la situación fue un viaje personal retador, pero sentía que debía algo más, sobre todo a modo de retribución.

Días después, Martín, Rodrigo y el chico en silla de ruedas estaban en una cancha no muy lejos del centro de rehabilitación, jugando un poco de básquet. El niño ya podía mover mejor los brazos, aunque pasaría un poco de tiempo para que pudiese recuperar la movilidad de las piernas.

Aun así, los tres parecían unos chiquillos, riéndose y haciéndose bromas entre sí. De a ratos, Rodrigo sentía que era una persona con suerte y que debía agradecerlo, siempre.

Glosario:

Angustioso: distressing,

Fisioterapeuta: physiotherapist.

Lesión: injury.

Personalizado/personalizada: personalized, produced to meet some individual needs or requirements.

Revelación: revelation, insight.

Preguntas:

1. Rodrigo sentía un pinchazo en:

-Brazo.

-Cuello.

-Rodilla.

(Opción 3)

2. ¿Por qué Rodrigo tuvo que empezar a hacer rehabilitación?:

-Por un accidente de coche.

-Por un accidente en el trabajo.

-Por unas quemaduras.

(Opción 3)

3. ¿Cómo se llama el fisioterapeuta de Rodrigo?:

-Manuel.

-Miguel.

-Martín.

(Opción 3)

Chapter 21

Bonus Story: El armario de Lucía

Summary:

Lucia grew up in a poor home, but with a creative family. Thanks to this, she was able to overcome some difficulties over the years and when she was finally able to find some stability, she promised herself to follow one of the things that she is most passionate about in life: fashion.

-Venga, te voy a enseñar a hacer unos **collares** muy lindos y que huelen rico.

-Sí, sí, mamá. Quiero probar.

La madre de Lucía era una **costurera** hábil y amante de las **manualidades**. Siempre tuvo una inclinación natural hacia ese tipo de actividades y al tener dos hijas, quería que ellas también pudieran aprender lo suficiente para que, al menos, tuvieran herramientas útiles para el futuro.

-Bueno, vamos a cortar esta naranja en pequeños círculos para que podamos secarlas al sol.

-¿Y qué más haremos, mami?

-Lu, tienes que ser paciente. Espera a que hagamos esto primero... A ver, toma el **cuchillo** con mucho cuidado, venga... Muy bien.

Lucía se puso a picar la naranja con mucho cuidado, siempre bajo la mirada de su madre quien sonreía al verla tan dedicada.

Al final de la tarde, organizaron las **rodajas** de naranja en una amplia **bandeja** para llevarla hacia el exterior. Era verano, lo cual era la mejor época para hacer algo así.

-Bien, parece que está todo listo. Vamos a dejarla así y que el sol haga su trabajo, ¿vale?

-Sí, mamá. Esto va a quedar muy lindo.

-Claro que sí.

Secar rodajas de naranja, usar cuentas de otros collares, coser vestidos y **tejer**, eran algunas cosas que ellas hacían juntas. Su niñez fue una hermosa época. Fueron los días más maravillosos de su vida.

La parte complicada fue durante su crecimiento. Tuvo que **lidiar** con bromas pesadas y una **discriminación** terrible.

-Eres pobre. POBRE.

-La gente pobre no se puede sentar con nosotras.

-Eres linda, pero tu familia es pobre. No puedo estar con alguien como tú.

Eran algunas cosas que tenía que escuchar durante la **adolescencia**. El colegio, para ella, fue una temporada en que la pasaba muy mal. Solo la idea de tener que ir le producía malestar en el cuerpo.

La situación no mejoró cuando falleció su madre de un cáncer no detectado a tiempo. Fue tan **fulminante**, que su pequeña familia no tuvo el tiempo suficiente **para hacer el duelo**. Debían encargarse de los preparativos.

Su padre asumió el cuidado de ella y su hermana, y aunque no fue fácil, las cosas comenzaron a mejorar poco a poco.

Lucía estaba más cómoda y pensó que estaba lista para explorar con un tema que siempre la apasionó: la moda. Sin embargo, nunca fue una chica que siguiera las **tendencias**, ella estaba más ocupada en encontrar su propio **estilo**.

Con el tiempo, encontró un trabajo en un **almacén de ropa** y fue una de las mejores noticias que recibió. Recibiría un sueldo decente y podría darse el tiempo de saber un poco más sobre la ropa y todo lo que tuviera relación con ella.

Con dieciocho recién cumplidos, Lucía se levantaba bien temprano a la mañana para ir al trabajo. Dejaba desayuno para su hermana y su padre, mientras que guardaba el suyo para después. Luego, tomaba el metro porque así llegaba más rápido. Era raro ver a una chica que fuera con tanto entusiasmo a trabajar. Además, sus compañeros de trabajo la consideraban como una chica dulce, responsable y que amaba lo que hacía.

Al llegar al almacén, iba directo al **galpón** en donde se guardaban las **prendas** y pasaba largo rato haciendo **inventarios**. Aquellas piezas dañadas, las podría tomar debido a un **descuento** que tenía como empleada. Esto era lo que más le gustaba porque podía **modificar** y **adaptar** cualquier cosa que escogiera, gracias a las habilidades de costura que aprendió de su madre.

Ese trabajo también la ayudó a estudiar en un instituto de diseño y moda. Con sus conocimientos, ya tenía gran parte del camino recorrido.

Durante ese tiempo, estuvo más ocupada que nunca, pero volvió a sentirse más feliz que nunca. La moda la llenaba en todos los aspectos posibles.

Gracias a su **desempeño**, fue **ascendiendo** en el almacén. Ya no hacía inventarios ni vendía al público, ahora formaba parte del equipo de diseñadores que debían mostrar sus **propuestas** para las diferentes estaciones.

Lucía, además, se veía muy diferente de cuando era adolescente: ahora era una chica esbelta, de sonrisa amigable, ojos grandes y brillantes y el pelo bien corto. Por lo general, usaba ropa de todos los colores, no tenía miedo de hacer mezclas audaces.

Pero Lucía sentía que no podía quedarse solo hasta ese punto, ya había demostrado que era capaz de ir lejos, así que estaba lista para dar el **próximo paso**.

Uno de esos días en los que tuvo un poco de tiempo, comenzó a aplicar a otros trabajos. Le llamó la atención una oferta para ser jefe de diseñador para una cadena de tiendas alrededor de todo el país.

Preparó su **portafolio** y su resumen curricular, respiró profundo y aplicó sin perder más el tiempo. Fue un acto que la puso muy nerviosa, pero estaba lista para hacerlo.

Un día, mientras estaba arreglando algunos **anaqueles** para una exhibición de ropa de invierno, recibió la llamada de una mujer.

-¡Hola, Lucía! Te llamamos porque tu **resumen curricular** nos llamó mucho la atención y nos encantaría agendar una entrevista...

Lucía no podía creer lo que estaba escuchando y en pocos minutos preparó una cita para ir a las oficinas centrales. Apenas colgó el móvil, no pudo parar de reír ni de llorar. Era una mezcla de emociones que le embargaba el cuerpo.

Llegó a casa y se echó sobre la cama. Extendió su cuerpo y mantuvo la mirada fija al techo. Luego, cerró los ojos y pensó en su madre, en la mujer que le enseñó todo lo que sabía y que lo hizo siempre desde el corazón.

Todas esas tardes de manualidades, de tejidos, de collares y bordados, costuras y arreglos a su ropa. Todos esos momentos juntas en los que se sintió más amada que nunca. Lucía supo que su madre también estaba feliz de ese logro de ella.

Glosario:

Adaptar: to adapt.
Adolescencia: adolescence.
Almacén de ropa: clothing store.
Anaqueles: shelves.
Ascendiendo: ascending.
Bandeja: tray.
Clóset: closet, wardrobe.
Cuchillo: knife.
Collares: necklaces.
Costurera: seamstress.
Descuento: discount.
Desempeño: performance.
Discriminación: discrimination.
Estabilidad: stability.
Estilo: style.
Fulminante: fulminant.
Galpón: shed.

Inventarios: inventories.

Lidiar: deal with.

Manualidades: crafts.

Moda: fashion.

Modificar: modify.

Para hacer el duelo: to mourn.

Portafolio: portfolio.

Prendas: garments.

Propuestas: proposals.

Próximo paso: next step.

Resumen curricular: curriculum vitae.

Rodajas: slices.

Sortear: avoid.

Tejer: knit.

Tendencias: trends.

Preguntas:

1. ¿Qué oficio tenía la madre de Lucía?:

-Cocinera.

-Costurera.

-Ninguno.

(Opción 2)

2. ¿De qué murió la madre de Lucía?:

-Tuberculosis.

-Covid-19.
-Cáncer.
(Opción 3)

3. Según el texto, explique cuáles eran las actividades que solían hacer Lucía y su madre juntas.

Afterword

I do hope you enjoyed and learn a lot from these Spanish Short Stories. I wrote them with the intent to make you improve your Spanish vocabulary while having fun by reading them. If I achieved this goal, could you please consider to leave a review on the platform?. It's so much appreciated by self published like me.

Muchas gracias,

Fernando Salcedo

Made in United States
Orlando, FL
17 February 2024

43807368R00215